Hartmut Wilke

Schildkröten
richtig pflegen und verstehen

Experten-Rat
für die artgerechte Haltung

Farbfotos bekannter
Tierfotografen
Zeichnungen:
Karin Heckel-Merz

GU GRÄFE UND UNZER

Inhalt

*Vorhergehende
Doppelseite:
Manche Schild-
krötenarten wie hier
diese drei Rotwan-
gen-Schmuck-
schildkröten sind
nur als Jungtiere
reizvoll gefärbt.*

Vorwort

Uralt können Schildkröten in mensch-licher Obhut werden. Doch leider passiert es immer wieder, daß Schildkrötenbesit-zer nur kurze Zeit Freude an ihrem Tier haben. Untersuchungen haben gezeigt, daß mehr als 80 Prozent der Schildkrö-ten im ersten Jahr sterben. Solch trauri-ges Ergebnis, meist verursacht durch mangelnde Kenntnis, kann man sich ersparen, wenn man weiß, wie eine Schildkröte artgerecht gepflegt wird. Worauf es bei der artgerechten Pflege von Land-, Wasser- und Sumpfschild-kröten ankommt erklärt der Autor, Hartmut Wilke, in diesem GU Tier-Rat-geber. Auf Praxis-Seiten gibt er, unter-stützt von anschaulichen Zeichnungen, präzise Anleitungen für die artgerechte Unterbringung im Terrarium bezie-hungsweise Aquarium. Dazu praxiser-probte Ratschläge für die richtige Ernäh-rung und für das für das Wohlbefinden der Schildkröten so wichtige Überwin-tern. Rat und Hilfe im Krankheitsfall bietet die Tabelle »Soforthilfe bei Er-krankungen und Verletzungen«. Das Thema Artenschutz spielt heute bei der Schildkrötenhaltung eine große Rolle — was man darüber wissen muß, erfahren Sie in diesem Buch. In den individuellen Pflegeanleitungen beliebter Schildkrö-tenarten, sind deshalb auch geschützte Arten deutlich gekennzeichnet. Kompetenter Rat, leicht verständliche Anleitungen, faszinierende Farbfotos und informative Zeichnungen machen dieses Buch zu einem unentbehrlichen Ratgeber für alle Schildkrötenhalter. Viel Freude mit Ihrer Schildkröte wün-schen Ihnen Autor und GU Naturbuch-Redaktion.

Schildkröten-pflege bringt Ruhe und Beschau-lichkeit in den All-tag. Das ist jedoch nur dann auf Dauer der Fall, wenn Sie bereit sind, auch Zeit und Geld zu investieren, um den wechselnden Bedürfnissen der Schildkröte gerecht zu werden.

Beachten Sie bitte den »Wichtigen Hinweis« auf Seite 63.

Ratschläge für die Anschaffung

V erwechseln Sie eine perfekte Technik und Einsatz von Kapital nicht mit Fürsorge. Sie allein ist letztlich entscheidend für das Wohlbefinden der Schildkröte. Und sie ist nur möglich, wenn Sie sich über die Biologie und die Lebensbedürfnisse der Schildkröte intensiv informieren.

Seit mehr als zehn Jahren berate ich Schildkrötenhalter und lerne dabei liebenswerte und originelle Menschen kennen. Immer sind sie guten Willens gewesen, nur das Beste für ihr Panzertier zu tun. Doch die meisten melden sich voller Enttäuschung mit oft todkranken Tieren. Vor allem Kinder und Jugendliche trifft das hart, die mit viel Begeisterung und Hingabe an ihrem »Felix« oder an der »Susi« hängen! Auch ich bin dann enttäuscht, weil ich zwangsläufig miterlebe, wie von Mal zu Mal die Gesamtzahl der fehlgeschlagenen Haltungsversuche steigt. Dabei ist es gar nicht so schwer, die Schildkröte zu einem Begleiter zu machen, an dem der Mensch von Kind auf bis ins hohe Alter Freude haben kann.

Prüfen Sie also bei der Lektüre dieses Buches, ob Sie die dazu notwendigen Voraussetzungen bieten können.

Zehn Entscheidungshilfen

1.   Schildkröten können bei guter Pflege leicht 60 Jahre und mehr erreichen. Daran sollten Sie bei der Anschaffung der Schildkröte denken.
2.   Viele Arten benötigen zu ihrem Wohlbefinden eine Winterruhe, manche sogar eine Sommerruhe.
3.   Haben Sie die Möglichkeit, Ihrer Schildkröte im Sommer ein Freigehege im Garten zu bieten? Luft und Sonne tun ihr gut.
4.   Die notwendigen Terrarien sind meist größer als gedacht – und mit der Größe steigt der Preis!
5.   Terrarien für Sumpf- und Wasserschildkröten müssen wasserdicht sein.

Dennoch sollte der Fußboden darunter schon mal einen Schwaps Wasser vertragen können.
6.   Große Aquarien für Wasserschildkröten sind schwer. Ein mittleres Becken mit 200 l Wasser, Gestell und Zubehör wiegt leicht fünf Zentner. Hält Ihr Fußboden das aus?
7.   Viele Schildkröten sind dämmerungs- oder nachtaktiv. Tagsüber schlafen sie im Versteck.
8.   Schildkröten sind Wildtiere und bleiben es auch, wenn sie in Menschenobhut nachgezogen werden. Sie eignen sich nicht als Schmusetiere.
9.   Die Futterbeschaffung ist nicht immer einfach. Auch Fertigfutter muß durch frische Nahrung ergänzt werden.
10.   Schildkröten verreisen nicht gerne. Haben Sie eine einsatzfähige Urlaubsvertretung?

Einzel- oder Paarhaltung?

Auch wenn Sie schon Bilder von großen »Schildkrötenversammlungen« in der Natur gesehen haben – Schildkröten sind Einzelgänger. Zwar trifft man sie auf bevorzugten Sonnenplätzen oder in ergiebigen Weidegründen in großer Zahl an, doch sind sie nicht wie Menschen auf ein soziales Leben angewiesen. Sie kommen sehr gut alleine zurecht. Nur wer Schildkröten züchten möchte, wird sich ein Pärchen anschaffen müssen. Berechnen Sie dabei stets, daß später auch Platz für die Jungtiere benötigt wird (→ Seite 39).

Die Pflege mehrerer Schildkröten birgt für den Anfänger, vor allem, wenn die Schildkröten auf zu engem Raum

Eine Europäische Sumpfschildkröte (links) und eine Kaspische Wasserschildkröte (rechts) beim Sonnenbad.

gehalten werden, ein Risiko. Oft werden Weibchen von paarungswilligen Männchen anhaltend angegriffen und gebissen. Das hat schon häufig zu ernsthaften Verletzungen, Siechtum und Tod des Weibchens geführt. Ein derart bedrängtes Weibchen muß sich jederzeit vor dem Männchen in Sicherheit bringen können.

Ebensolche Folgen haben Konkurrenzkämpfe von zwei Männchen, wenn als drittes ein Weibchen zugegen ist. Vorsicht auch bei ungleich großen Wasserschildkröten. Sie stürzen sich in der Regel gierig auf ihr Futter, das ja stets im Wasser schwimmen muß. Dabei kann schon mal der Kopf einer sehr kleinen Schildkröte zwischen die scharfen Kiefer einer großen geraten, wenn beide nach demselben Stück schnappen – und dann ist der Kopf ab...

Männchen oder Weibchen?

Wenn Sie für Ihre Schildkröte eine passende Partnerin oder einen geeigneten Partner suchen, dann müssen Sie unter

Jede Schildkröte möchte ein Versteck haben, in dem sie sich sicher fühlen darf.

nahezu ausgewachsenen Tieren wählen. Je jünger die Schildkröte, um so schwieriger wird die Unterscheidung der Geschlechter. Die Männchen vieler Arten haben einen stärker nach innen gewölbten Bauchpanzer als die Weibchen (→ Zeichnung, Seite 7). Männliche Tiere besitzen in der Regel auch einen etwas längeren und an der Basis schmaleren Schwanz mit mehr zum Schwanzende hin verlagerter Kloake. Das ist aber nur beim direkten Vergleich mehrerer, in etwa gleichgroßer Tiere festzustellen. Halbwüchsige Schmuckschildkrötenmännchen sind bereits recht eindeutig an den Vorderkrallen zu erkennen, die deutlich länger sind als bei den Weibchen.

Wie alt ist die Schildkröte?

Wenn Sie das Geburtsjahr der Schildkröte nicht kennen müssen Sie sich auf Schätzungen verlassen. Nach drei Jahren hat das Tier etwa ein Drittel seiner Endgröße (→ Beliebte Schildkrötenarten, Seite 50), nach weiteren drei Jahren zwei Drittel erreicht. Das ist eine ganz grobe Angabe, da die Wachstumsgeschwindigkeit sehr stark von den Lebensbedingungen abhängt. Das Tempo des Wachstums nimmt mit dem Alter zunehmend ab.

Es stimmt nicht, daß sich das Alter an den »Jahresringen« der Rückenpanzerplatten ablesen läßt.

Wo bekommt man Schildkröten?

In Zoofachgeschäften und gut geführten Zoofachabteilungen von Kaufhäusern erhalten Sie überwiegend Arten, die nicht geschützt sind. Geschützte Arten mit Cites-Bescheinigung (→ Seite 7) sind in der Regel eher beim Züchter direkt als Jungtier erhältlich. Züchteradressen finden Sie in Terrarien- und Aquarienzeitschriften (→ Seite 63). Abraten möchte ich von dem Kauf einer Schildkröte per Versandhandel. Den Gesundheitszustand einer Schildkröte können Sie nur beurteilen, wenn Sie das Tier selbst angeschaut haben.

Oft schafft es eine Landschildkröte erst nach langem Kampf, sich aus der Rückenlage zu befreien.

Ist die Schildkröte gesund?

Wenn Sie eine Schildkröte auf ihren Gesundheitszustand hin begutachten, sollten Sie auf folgende Dinge achten:
• Ist der Panzer der Schildkröte unbeschädigt und fest? Er darf bei leichtem Druck zwischen den Fingern nicht nachgeben (→ Zeichnung, Seite 33).
• Die Augen des Tieres müssen geöffnet, klar und glänzend sein.
• Nasen- und Augenregion dürfen nicht durch Schleim verklebt sein.
(→ Krankheitsanzeichen, Seite 34).

Was Sie über Artenschutz wissen müssen

Das Washingtoner Artenschutzübereinkommen (abgekürzt WA) regelt den Schutz unserer weltweit bedrohten Tier- und Pflanzenarten. Entsprechend dem Grad ihrer Schutzbedürftigkeit wurden die meisten Schildkrötenarten in die Schutzkategorien I, II und III aufgenommen. Tiere, die vom Aussterben bedroht sind oder von der Artenschutz-Kommission als solche eingestuft wurden, findet man in Anhang I des WA. Für Schildkrötenarten, die in Anhang II und III zusammengefaßt sind, gestattet der Gesetzgeber eine kontrollierte Entnahme aus der Natur. Schildkröten, die vom Aussterben bedroht sind (WA-I-Arten) dürfen ohne besondere Ausnahmegenehmigung nicht ge- oder verkauft werden. Dies gilt selbst dann, wenn die Tiere nachgezüchtet worden sind. Mit Nachzuchten der besonders geschützten Arten (alle WA-II- und -III-Arten) darf dagegen wieder gehandelt werden. Neben dem WA gibt es gesetzliche Schutzbestimmungen auf EG- und Bundesebene (Bundesartenschutzverordnung), die weitere gefährdete Arten unter Schutz stellen (→ Seite 60).
Die im Zoofachhandel angebotenen Schildkröten erfüllen die gesetzlichen Artenschutzvoraussetzungen und können damit legal erworben werden. Beachten Sie dabei die Nachweispflicht.
<u>Nachweispflicht:</u> Als Besitzer einer artengeschützten Schildkröte müssen Sie den rechtmäßigen Besitz nachweisen. Die sogenannte CITES-Bescheinigung als »Quasi«-Personalausweis erfüllt diese Voraussetzungen. Ohne dieses amtliche Dokument dürfen Sie keine Schildkröte kaufen oder verkaufen (→ Zucht, Seite 39).
<u>Anzeigepflicht:</u> Der Besitzer einer artengeschützten Schildkröte muß den Besitz des Tieres unverzüglich der zuständigen Naturschutzbehörde (Landratsamt oder Regierungspräsidium) anzeigen. Folgende Angaben sind hierbei erforderlich: Art, Alter, Geschlecht, Herkunft, Verbleib, Standort, Verwendungszweck, Kennzeichen und Registriernummer der CITES-Bescheinigung.

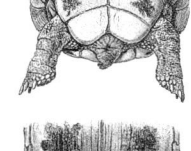

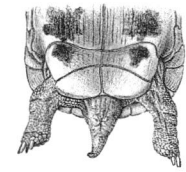

Weibchen (oben) und Männchen (unten) unterscheiden sich durch unterschiedliche Schwanzlängen.

7

Schildkröten richtig unterbringen

Durch phantasievolle Gestaltung und effektvolle Beleuchtung können Sie in Terrarien schöne Kleinlandschaften schaffen, die das Zimmer schmücken. Die Kulisse des Terrariums sollten Sie allerdings nicht ständig verändern, sonst findet die Schildkröte sich darin nicht mehr zurecht und kommt nie ganz zur Ruhe.

Beachten Sie bitte die unterschiedlichen Lebensansprüche von Land-, Sumpf- und Wasserschildkröten. Konstruktionsmerkmale und Größe der Terrarien hängen eng damit zusammen.
Immer braucht die Schildkröte einen vor Zugluft geschützten, abgegrenzten Bereich. Die Haltung zwischen Pappkarton und Fußboden, auch wenn er beheizt ist, führt unweigerlich zu einem baldigen Tod (gemessen an der Lebenserwartung einer Schildkröte bedeutet »baldig« ein bis zwei Jahre).
Mein Tip: Ist Ihnen eine Schildkröte zugelaufen und Sie wissen nicht, ob es eine Land- oder Sumpf- beziehungsweise Wasserschildkröte ist, können Sie die Einordnung anhand der Füße vornehmen. Wasserschildkröten haben im Gegensatz zu Landschildkröten Schwimmhäute zwischen den Zehen.

Sinnvolles technisches Zubehör

Je nach Terrarientyp (→ Terrarium Praxis, Seite 10/11; Aquarium Praxis, Seite 14/15) benötigen Sie unterschiedliches technisches Zubehör. Damit Ihnen keine wichtigen Angaben entgehen, hier eine Checkliste zur Überprüfung:
• Elektrische Bodenheizung mit Thermostat.
• Spotstrahler und UV-Strahler.
• Zeitschaltuhr zum Sichern einer bestimmten Besonnungsdauer (→ Zeichnung, Seite 22).
• Außenfilter für Wasserschildkröten.
Mein Tip: Verwenden Sie die sehr teure Aktivkohle als Filtermasse nur, wenn Sie die gelbliche Farbe (Eiweißabbau-Endprodukte) aus dem Wasser entfernen

wollen. Billiger zur Aufhellung des Wassers ist ein häufigerer Wasserwechsel.
• Luftpumpe zur Wasserumwälzung, wenn kein Außenfilter vorhanden ist.
• Aquarienheizer.
• Thermometer zum Messen von Luft- und Wassertemperatur.
Mein Tip: Achten Sie immer darauf, daß zwischen Spot- und UV-Strahler und der Schildkröte keine Glasscheibe liegt. Sie kann in der Hitze zerspringen und die UV-Strahlen filtern.
Wichtig: Elektrische Geräte für Terrarien- bzw. Aquarienpflege müssen unbedingt mit dem gültigen TÜV-Zeichen versehen sein. Achten Sie auf die Gefahren, die beim Umgang mit elektrischen Geräten und Leitungen, insbesondere in Verbindung mit Wasser, bestehen! Die Anschaffung eines elektronischen Fehlstrom-Überwachungsgerätes wird dringend empfohlen. Bitte beachten Sie unbedingt die »Wichtigen Hinweise« auf Seite 63.

Die richtige Beleuchtung

Eine Leuchtstoffröhre zur allgemeinen Beleuchtung tagsüber und ein Spotstrahler (beispielsweise »Osram Concentra«, 150 Watt mit 15° Lichtkegel) als Wärmequelle von oben empfehle ich Ihnen sowohl für Terrarien von Land- beziehungsweise Sumpfschildkröten als auch für Wasserschildkröten–Aquarien. Notwendig bei der Aufzucht von Jungtieren oder bei nicht möglicher Freilandhaltung im Sommer ist eine UV-Lampe, die aus ungefähr 1 Meter Entfernung mittags für etwa 15 bis 30 Minuten brennen sollte. Das Ein- und

Im Freilandterrarium ist die Kost oft abwechslungsreicher als im Zimmerterrarium.

Ausschalten wird durch eine Zeitschaltuhr bequemer.

Achtung! Kranke Schildkröten neigen aus Schwäche zu einer übermäßigen Besonnungsdauer. Verkürzen Sie deshalb im Krankheitsfall die Besonnung auf 5 Minuten.

Wichtig: UV bedeutet »ultraviolett« und ist nicht mit der »Infrarot«-Wärmestrahlung zu verwechseln! Erhältlich sind UV-Lampen in der Regel im Zoo- oder im Sanitätsfachhandel unter der Bezeichnung »Osram-Ultravitalux«.

Dekoration

Die Ausgestaltung des Terrariums gelingt am besten, wenn Sie das natürliche Biotop und das Bewegungsbedürfnis Ihrer Schildkröte kennen. Auf das Tier sollten möglichst viele Sinnesreize einwirken: Hindernisse in Form von Steinen und Ästen müssen zu umschreiten oder zu überklettern sein. Ecken und Winkel sollen zur Suche nach Nahrung, zum Ausruhen und Verstecken einladen.

(Bitte auf Seite 12 weiterlesen.)

Terrarium
Praxis

Landschildkröten-Terrarium

Landschildkröten wollen einen »Abenteuerspielplatz« zum Umherstöbern und Klettern.
Die Größe des Terrariums:
Panzerlänge der erwachsenen Schildkröte (→ Seite 50) in cm x 5 = Länge und Breite (Grundfläche) des Terrariums.
Diese Maßangabe gilt für eine einzeln gehaltene Schildkröte. Für jede weitere Landschildkröte, erweitern Sie die Grundfläche jeweils um ein Drittel.

Der technische Aufbau:
Von unten nach oben sind anzulegen:
Zeichnung 1
● Eine Platte aus Preßkork, ½-2 cm dick und 30 x 40 cm groß zur Wärmeisolierung am zukünftigen Ruheplatz.
● Drei Lagen Aluminiumfolie gleicher Größe mit der reflektierenden Seite nach oben.
● Eine elektrische Heizmatte mit Thermostat (im Zoofachhandel erhältlich) gleicher Größe.
● Eine Fußbodenfliese aus Ton (Terrakotta) oder eine Beton-Gehwegplatte.

Zeichnung 2
● Neben die Platte setzen Sie ein Badebecken und zwar so, daß es mindestens zur Hälfte von der Heizmatte miterwärmt

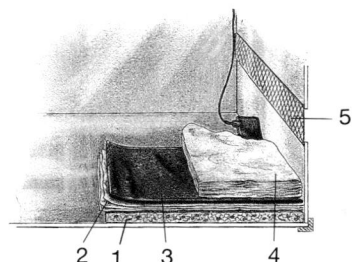

1| *Kork (1), 3 Lagen Alufolie (2), Heizmatte (3), Fußbodenfliese aus Ton (4), Luftgitter (5).*

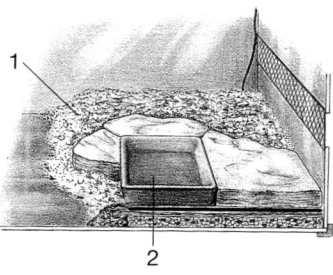

2| *Sand-Rinden-Gemisch (1), Wasserwanne aus Ton (2).*

wird. Am besten eignet sich dazu ein großer Blumentopfuntersetzer aus Ton, in den auch noch die erwachsene Schildkröte bequem hineinpaßt. Der Rand muß aber auch von der kleinen Schildkröte gut zu erklimmen sein!
● Füllen Sie das übrige Terrarium jetzt mit einem Gemisch aus gewaschenem Rheinsand feinster Körnung und gehäckselter Baumrinde auf (Mischungsverhältnis 1 : 1).

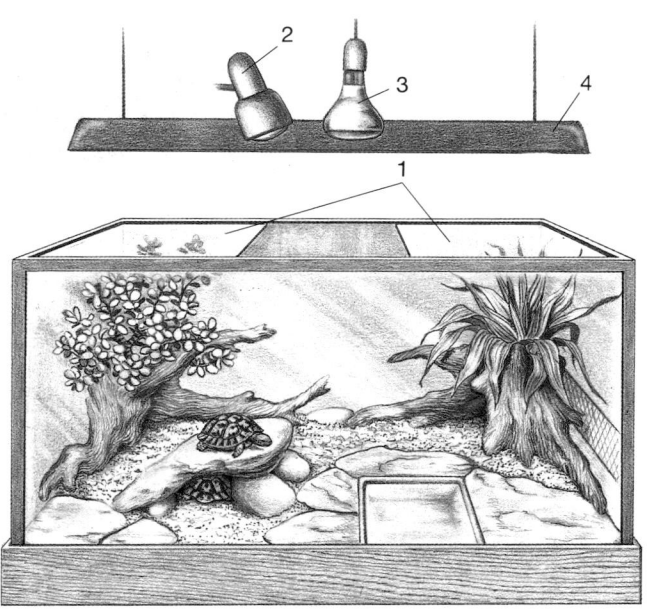

3| *Fertig eingerichtetes Terrarium für Landschildkröten. Die Glasabdeckung (1) darf das Terrarium nur zu zwei Dritteln bedecken. Die Beleuchtung besteht aus Spotstrahler (2), UV-Lampe (3) und Leuchtstoffröhre (4).*

Zeichnung 3
• Setzen Sie nun Wurzeln und Steine so, daß der erwünschte Abenteuerspielplatz und auch ein Versteck für die Nacht entsteht.

Sumpfschildkröten-Terrarium

Sumpfschildkröten brauchen wie die Landschildkröten einen »Abenteuerspielplatz« an Land, zusätzlich jedoch einen »Swimmingpool«, in dem sie ausgiebig baden und tauchen können. Deshalb sollte ein Terrarium für Sumpfschildkröten wasserdicht sein.

Ich empfehle Ihnen als Unterbringung für Ihre Sumpfschildkröte ein Aquarium, das Sie kaufen oder bauen (lassen) können. Auch hier erleichtert ein möglichst großes Terrarium/Aquarium die Dekoration.

Die Größe des Terrariums:
Die Größe errechnen Sie für eine einzelne Sumpfschildkröte ebenso wie bei den Landschildkröten (→ links) angegeben.
Zeichnung 1
Der technische Aufbau: Er entspricht weitgehend dem des Landschildkrötenterrariums. Achten Sie für die Sumpfschildkröte aber auf folgende Besonderheiten:
Zeichnung 2
• Sie sollten im Gegensatz zum Landschildkrötenterrarium zwei thermostatgesteuerte Heizmatten unterlegen. Eine zur Erwärmung des Wasserteils, die andere zur – meist schwächeren – Erwärmung des Landteils.
• Füllen Sie das übrige Terrarium mit einem Sand-Rindenhäckselgemisch auf, wie es bei

1| *Sumpfschildkröten-Terrarium mit großem Badebecken. Das Lüftungsgitter (1) sorgt für eine gute Luftzirkulation. Die Beleuchtung besteht wie bei einem Terrarium für Landschildkröten (→ links) aus: Leuchtstoffröhre, UV-Lampe und Spotstrahler.*

dem Terrarium für Landschildkröten (→ links) ausführlich beschrieben ist.
Mein Tip: Damit das Wasser im Badebecken nicht so schnell durch eingeschleppte Erde verschmutzt wird, sollten Sie einen Rand aus Steinplatten um das Badebecken legen. Diese Steinplatten können dann gleich den von unten beheizten Sonnenplatz ergeben.
Zeichnung 3
• Das Wasserbecken sollte $\frac{1}{4}$ bis $\frac{1}{3}$ der Grundfläche des Aquariums einnehmen und vom Ufer her langsam bis auf eine Tiefe abfallen, die etwa der doppelten Panzerhöhe der erwachsenen Schildkröte entspricht. In der Regel sind 12 bis 16 cm Wassertiefe ausreichend. Eine große Tonschale, in die Sie Natursteinplatten als »Treppchen« legen, kann ich Ihnen als Wasserbecken für die Sumpfschildkröte sehr empfehlen.

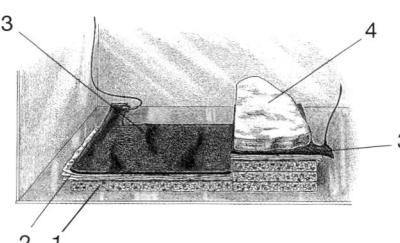

2| *Kork (1), 3 Lagen Alufolie (2), 2 Heizmatten (3), Natursteinplatte (4).*

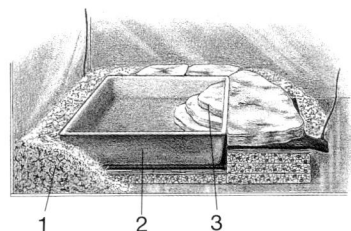

3| *Sand/Rinden-Gemisch (1), Wasserbecken aus Ton (2) und Natursteinplatten (3) als Treppe.*

11

Das Männchen muß das Weibchen durch Balzrituale einstimmen.

Schildkröten sind nicht unbedingt auf einen Partner angewiesen. Sie kommen auch sehr gut alleine zurecht. Wenn Sie mehrere Schildkröten pflegen, achten Sie darauf, daß das Terrarium nicht zu eng ist, damit es unter den Schildkröten nicht zu ernsthaften Auseinandersetzungen kommt.

(Fortsetzung von Seite 9.)
Einer gut kletternden Schildkröte bieten Sie dicke, flach gelagerte Äste an, die so breit sein müssen, daß das Tier bequem darauf entlanglaufen kann. Hat das Terrarium einen stabilen Boden, können Sie auch Steinterrassen aufschichten. Es ist ratsam, die Kulisse des Terrariums über die Lebensdauer des Tieres hinweg weitgehend zu erhalten. So bieten Sie der Schildkröte ein ständig vertrautes Territorium. Vertrocknete Pflanzen oder morsch gewordenes Astwerk können Sie selbstverständlich entfernen.

Bepflanzung
Eine Bepflanzung des Terrariums ist für Schildkröten nicht unbedingt nötig. Aber ein ansprechend bepflanztes Terrarium rundet den harmonischen Gesamteindruck ab und dient so auch Ihren ästhetischen Ansprüchen. Wählen Sie für Schildkrötenterrarien robuste Pflanzen und schützen Sie sie vor dem Gefressenwerden, am besten durch einen Korkrindenzylinder (im Gartenfachgeschäft erhältlich), der Wurzel- und Stengelbereich umhüllt.
Eine gute Belichtung ist für die Terrarienpflanzen lebensnotwendig, sonst verkümmern sie. Sorgen Sie also entweder für einen hellen Standort oder beleuchten Sie die Pflanzen mit einer speziellen Lampe, die Zoo- oder Gartenfachhandel für diese Zwecke in ihrem Sortiment bereithalten.
Trockenterrarien für Landschildkröten werden mit folgenden Pflanzen besetzt: Ananasgewächse wie Guzmania, Aechmea-Arten, robuste, hochstämmige Gewächse wie Yucca aloifolia, Schefflera, Sansevieria, Cordyline, Beaucarnea, Aspidistra, Aloe.

Es kommt zur Paarung,   *wobei das Männchen oft Laute von sich gibt.*

<u>Sumpfterrarien</u> lassen sich folgendermaßen bepflanzen: Acorus, Aucuba, Chamaedorea, Ctenanthe, Cyperus, Dracaena, Pittosporum.

<u>Aquarien</u> werden nicht bepflanzt, da die Schildkröte alles erreichbare Grün »abräumt« und eine Sicherung der Pflanzen nicht möglich ist. Versuchen Sie, den fehlenden Schmuck im Becken durch Pflanzen in der Umgebung auszugleichen.

Wo das Terrarium oder Aquarium stehen sollte

Der Standort für ein Terrarium oder Aquarium, in welchem Schildkröten gehalten werden, muß bestimmte Richtlinien erfüllen.

Hell, aber nicht ganztags in der prallen Sonne, weil sich vor allem schlecht belüftete Terrarien zu stark aufheizen. Ruhig, nicht direkt neben Fernsehgerät oder Hi-Fi-Anlage. Auch zugfrei, also mit Sicherheitsabstand zu häufig auf Lüftung gekippten Fenstern oder Terrassentüren.

Das Quarantäneterrarium

Eine neu erworbene Schildkröte sollte in einem Quarantäneterrarium (→ Zeichnung, Seite 23) gepflegt werden, bis Sie sicher sein können, daß das Tier tatsächlich gesund ist (→ Quarantäne ist unerläßlich, Seite 20). Verwenden Sie dazu eine kleine Ausgabe des von Ihnen gewählten Terrarientyps und statten Sie es so aus, wie auf den »Praxis« Seiten dieses Ratgebers (→ Seite 10/11 und 14/15) beschrieben. Ein Quarantäneterrarium enthält allerdings keinerlei Dekoration, sondern wird lediglich mit einem Unterschlupf für die Schildkröte versehen. Alles muß leicht und gründlich zu reinigen und zu desinfizieren sein.

13

Aquarium
Praxis

Aquarium für Wasserschild-kröten

Viele Wasserschildkröten sind aktive Schwimmer. Sie wollen möglichst viel Schwimmraum zur Verfügung haben. Also ist nicht nur die Grundfläche, sondern auch die Wasserhöhe Ihres Aquariums von Bedeutung. Ausnahmen machen nur einige Schildkrötenarten, wie zum Beispiel die Weichschildkröte, die sich am Gewässergrund aufhält (→ Beliebte Schildkrötenarten, Seite 50).

Die Größe des Aquariums für ein Einzeltier berechnen Sie in etwa nach folgender Vorgabe: Panzerlänge der erwachsenen Schildkröte (→ Seite 50) in cm x 5 = Länge des Aquariums und Panzerlänge der Schildkröte x 3 = Breite des Aquariums.

Der Wasserstand sollte minde-

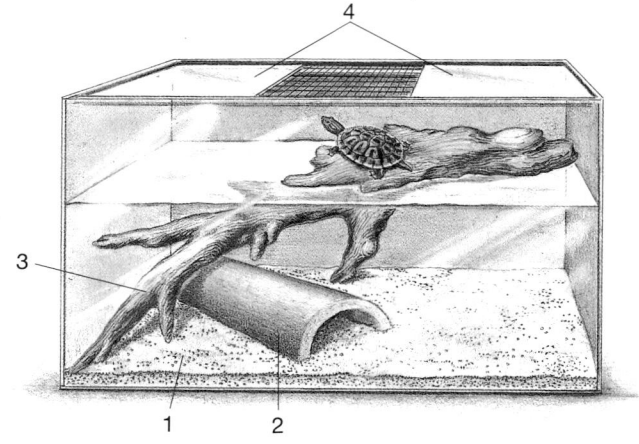

1| Einfach ausgestattetes Wasserschildkröten-Aquarium. Gewaschener Sand (1), Firstziegelbruchstück (2), Moorkienholzast (3), Glasabdeckung (4).

stens 30 cm Höhe betragen. Diese Maße gelten für ein »nacktes« Aquarium, das vielleicht nur eine Kienholzwurzel und einige Steine als Dekoration enthält. Wollen Sie das Aquarium naturnäher mit Felswand, Wurzeln und Sandgrund gestalten, so geht der Schildkröte Schwimmraum verloren.

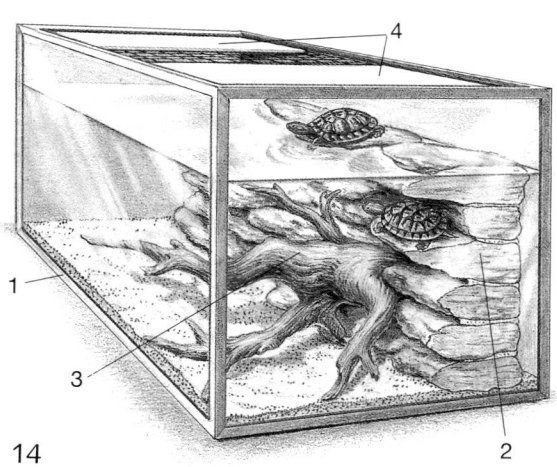

2| Aquarium mit Felswand aus Natursteinplatten. Aquarium mit Rahmen (1), Natursteine als Felswand (2). Moorkienholzast (3). Glasabdeckung (4). Ein Spalt zwischen Fels- und Aquarienrückwand (5) bietet Platz für Regelheizer und Belüftung.

Gleichen Sie diesen Verlust von vornherein durch einen Zuschlag von 30 % bei der Festlegung des Aquarienvolumens aus. Derselbe Zuschlag ist von Vorteil, wenn Sie eine zweite Schildkröte im Aquarium haben wollen.

Der technische Aufbau: Im Innern des Aquariums ist der Aufbau einfach, wenn Sie sich mit einer Minimallösung begnügen: Zeichnung 1
• Eine dünne Schicht gewaschenen Sandes bedeckt den Glasboden, damit er nicht spiegelt.
• Ein Firstziegelbruchstück am Boden dient als Versteck, ein Moorkienholzast zur Orientierung der Schildkröte.
Zeichnung 2
• Wenn Sie eine Felswand aus Natursteinplatten an der Rückwand des Aquariums aufbauen, entsteht ein Schmuckstück für jedes Zimmer. Montageschaum oder Fertigzement erhöhen den

Zusammenhalt der Steinplatten. Lassen Sie einen schmalen Spalt von 3–5 cm zwischen Fels- und Rückwand. Sie müssen später jederzeit die Möglichkeit haben, den sich ansammelnden Schmutz zu entfernen.

Wichtig: Die Belastbarkeit von Aquarienböden ist begrenzt. Sie hängt von der Glasstärke ab, über deren Tragfähigkeit Ihnen Ihr Zoofachhändler Auskunft gibt.

• Ein Aquarienheizer aus Glas mit Thermostat läßt sich gut hinter der Felswand verstecken oder wird mit Hilfe von Saugnäpfen in einer hinteren Aquarienecke befestigt. Schützen Sie den Heizer durch eine Moorkienholzwurzel, damit die Schildkröte die Heizung nicht

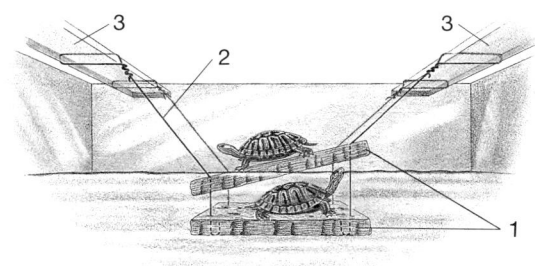

_3_| _Schwimmende Korkinsel als Sonnenplatz. Korkplatten (1), Draht (2), Glassteg (3)._

beschädigen kann.

Die Wattzahl (Leistung) des Heizers richtet sich nach der Wassermenge. Ihr Zoofachhändler wird Sie beraten. Alternativen gegen Glasbruch sind Metallheizer oder solche, die im Filter untergebracht sind.

Zeichnung 3

• Ein Ruheplatz dicht unter und an der Wasseroberfläche ist ebenfalls nötig.

Verbinden Sie zwei Korkplatten mit starkem Draht zu zwei Etagen. Machen Sie den Ruheplatz an einer Halterung – zum Beispiel dem Glassteg des Aquariums – fest. Haltbarer als Kork sind Eternitplatten.

Zeichnung 4

• Etwa ¾ des Aquariums werden durch eine Glasabdeckung vor Zugluft geschützt. Unter der Öffnung wird die »Insel«, über der Öffnung der Spot- und UV-Strahler aufgehängt.

• Neben oder unter dem Aquarium ist Platz für Luftpumpe und Filteranlage.

Wichtig: Luftpumpe und Filter verursachen Vibrationen, die vom Aquarium ferngehalten werden müssen. Stellen Sie die Geräte auf einen Nebentisch oder auf eine Wandkonsole.

_4_| _Technische Ausstattung des Aquariums. Glasbehälter (1), Insel zum Sonnen (2), UV-Lampe (3), Spot als Wärmequelle (4), Leuchtstoffröhre (5), Heizmatte mit Styroporunterlage (6), Temperaturregler mit Fühler (7), Luftpumpe (8), Außenfilter (9), Glasabdeckung (10)._

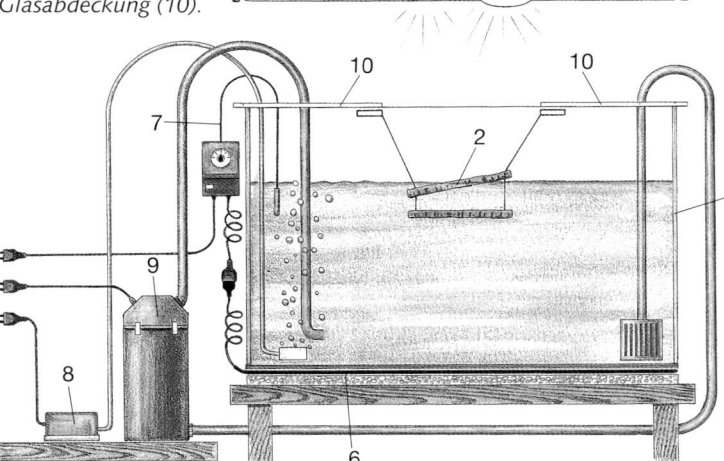

Das Männchen der Rotwangen-Schmuckschildkröte besitzt sehr lange Krallen.

Eine Frei-
anlage kann
für Schildkröten
»Traumurlaub«
bedeuten. Wo
immer Sie Platz
haben, sollten Sie
einen Teil Ihres
Gartens dafür her-
geben. Zur Not tut
es auch eine wind-
geschützte Ecke auf
dem Balkon oder
der Dachterrasse.

Landschildkröten-Freianlage

Menschen, die ohne Licht und Sonne
leben müssen, bekommen schlimme
Knochenkrankheiten. Beine und Wirbelsäule verformen sich. Durch Bewegung an Luft und Sonne läßt sich diese
Erkrankung, die Rachitis genannt wird,
bekämpfen.

Auch Schildkröten, vor allem Jungtiere,
erkranken daran, wenn es ihnen an
Licht, Sonne und Vitaminen fehlt. Ihr
Panzer wird weich und verformt sich.
Daher der hohe technische Aufwand,
der bei der Schildkrötenhaltung in der
Wohnung notwendig ist.

Auf Dauer einfacher ist die Haltung in
einer Freianlage (→ Zeichnung, Seite
18) während des Sommers.

Größe: Breite ab 1,20 m, Länge ab 3 m.
Umfriedung: Zementplatten, Rasenkantensteine oder glatte Holzbohlen im
Boden vergraben; achten Sie darauf,
daß die Schildkröte mit den Vorderfüßen die Oberkante der Umfriedung
nicht erreicht, sonst klettert sie heraus.
Gehegeboden: Etwa 30 cm tief aus-

Junge Rotwangen-Schmuckschildkröte in einer Freianlage.

schachten; der Boden muß ein Gefälle von etwa 5 cm pro Meter aufweisen.

Bepflanzung: Auf dem Gehegeboden Gras und Kräuter einsäen und niedriges Buschwerk pflanzen.

Steine und Wurzeln dienen zur Dekoration, sollten jedoch keine »Ausstiegshilfen« darstellen.

Frühbeet: Am hohen Ende der Anlage, von der Sonne gut beschienen, errichten Sie ein Frühbeet mit Plexiglasscheiben. Es speichert durch den »Treibhauseffekt« auch bei längeren Schlechtwetterperioden genügend Wärme. Einlaß gewährt eine torförmige Öffnung, die Sie mit einer Laubsäge aus dem Glas leicht selbst heraussägen können.

Für zu kalte Tage, bei denen die Temperatur im Häuschen 26 °C nicht erreicht, installieren Sie eine Rotlichtlampe, die von der Decke hängen kann. Den Fußboden des Hauses fertigen Sie am besten aus Zementplatten.

Mein Tip: Das Frühbeet dient auch als Überwinterungskiste. Mit Laub locker gefüllt und hoch mit Laub bedeckt, ist es ein frostsicherer Winterruheplatz.

Futterplatz: Trotz Gras- und Kräuternahrung muß die Schildkröte zusätzlich gefüttert werden. Eine Steinplatte vor dem Frühbeet dient als »Frühstücksbrett« und erleichtert die Reinigung des Geheges von Futterresten.

Badegelegenheit: Am tiefen Ende des Gehegebodens installieren Sie ein Badebecken mit Überlauf, damit Regenwasser gut aus dem Gehege ablaufen kann und die Landschildkröte

Umfriedung: Wie bei Landschildkröten-Freianlage beschrieben.

Teich: Garten-Fertigteich (im Fachhandel erhältlich), der wie die Vogeltränke eine schildkrötensichere Entwässerung haben muß.

Aus dem Wasser sollte ein dicker Stamm herausragen, den die Schildkröte vom Wasser aus erklettern kann (→ Zeichnung rechts). Bei Gefahr läßt sie sich dann einfach ins Wasser fallen.

Wichtig: Der Gartenteich ist nicht für Überwinterungen geeignet. Unsere

Während des Sommers sollten Sie Ihrer Schildkröte die Möglichkeit bieten, in einem Freigehege Luft und Sonne zu »tanken«. Frühbeet (1) und Vogeltränke (2).

bei einem Wolkenbruch nicht unfreiwillig schwimmen lernen muß.

Gut als Badebecken geeignet sind die handelsüblichen Vogeltränken, die es, aus Zement oder Kunststoff gefertigt, in Gartenfachgeschäften oder im Zoofachhandel gibt.

Wasserschildkröten-Freianlage

Viele Sumpf- und Wasserschildkröten eignen sich für eine Freilandhaltung im Sommer (→ Beliebte Schildkrötenarten Seite 50).

Teichvolumen: Ab etwa 300 Liter Wasser.

Winter sind im Vergleich zu denen in der Heimat der Schildkröten viel zu lang. Nach einigen Überwinterungen würden sie sterben.

Bepflanzung: Bestenfalls Schilf und Rohrkolben. Alles andere wird gefressen, ebenso wie alle Fische, Molch- und Insektenlarven.

Hinweis: Die Größe der Freianlagen gilt jeweils für zwei bis drei ausgewachsene Schildkröten. Sind die Schildkröten kleiner als 10 cm, muß die Freianlage gegen Katzen und Krähen mit Maschendraht abgedeckt werden.

Haltung und Pflege

Der Heimtransport

Die Händler und Züchter haben genug Erfahrung, um Ihre Schildkröte für den Transport so zu verpacken, daß sie keinen Schaden nimmt. Doch auch für spätere Transporte (Urlaub, Transport zum Tierarzt) ist es nützlich zu wissen, wie Sie Ihre Schildkröte sicher und schonend unterbringen können.

Am sichersten ist die Schildkröte in einem Sack aus Baumwolle oder Nessel aufgehoben. Das Gewebe muß locker und luftdurchlässig sein, die Naht nach außen gekehrt. Zu leicht verheddert sich das Tier sonst in den Fäden.

Während der warmen Jahreszeit genügt es, wenn Sie den Beutel samt Schildkröte in einen Karton legen – Rücken selbstverständlich nach oben, Bauch nach unten. Der Beutel sollte nicht allzuviel hin- und herrutschen können (→ Zeichnung Seite 38).

Während der kalten Jahreszeit legen Sie auf den Kartonboden unter den Beutel eine Wärmflasche oder wärmespeichernde Kissen, die Ihnen eher als Kühlzellen zum Getränketransport bekannt sein dürften. Temperatur jeweils nicht über 26 °C. Umwickeln Sie den Karton mit einer kleinen Wolldecke oder füllen Sie ihn mit locker geknülltem Zeitungspapier auf.

Keine Angst! Die Schildkröte bekommt genug Luft, wenn Sie alles recht locker wickeln oder packen, und bleibt dabei vor der tödlichen kalten Zugluft geschützt. Bedenken Sie dabei, daß Schildkröten als wechselwarme Tiere keine eigene Wärme produzieren sondern auf Zufuhr von außen angewiesen sind.

Daheim angekommen, haben Sie hoffentlich ein Quarantäneterrarium (→ Seite 16), wo Ihr Tier aus gesundheitlichen Gründen die ersten Wochen verbringen sollte.

Richtiges Eingewöhnen

Eine neu erworbene Schildkröte muß zunächst in einem Quarantäneterrarium (→ Seite 20) untergebracht werden und zwar aus folgendem Grund: Sie sehen es einer Schildkröte beim Kauf nicht an, ob sie zum Beispiel von Würmern befallen ist oder an einer Amöbeninfektion leidet. Das finden Sie erst mit Hilfe von Kotproben (→ Seite 22) heraus, die Sie vom nächstgelegenen Veterinäruntersuchungsamt unter-

Solch ein Freigehege für Sumpf- und Wasserschildkröten ist schnell angelegt. Als Umfriedung dienen Rasenkantensteine (1). Die große Moorkienholzwurzel (2) ragt in den Fertigteich (3) hinein.

Zierschildkröten leben vorwiegend im Wasser. In der Natur bewohnen sie ruhige, krautre...

suchen lassen können. Auch immer mehr Tierärzte sind in der Lage, Wurmbefälle festzustellen.

Quarantäne ist unerläßlich!

Die Schildkröte muß so lange in Quarantäne bleiben, bis ihr einwandfreier Gesundheitszustand »amtlich« bestätigt wurde. Ebenso wird die Schildkröte bei später auftretenden Erkrankungen sicherheitshalber immer im Quarantäneterrarium gepflegt. So können Sie verhindern, daß sie ununterbrochen krankmachende Keime oder Wurmeier im Großterrarium verbreitet, an denen sie sich gleich nach ihrer Genesung wieder ansteckt.

Das Quarantäneterrarium für Landschildkröten ist etwa 60 x 50 x 50 cm groß und enthält nur die zweckmäßigsten, einfachst sauber zu haltenden Gegenstände (→ Zeichnung, Seite 23).

Das Quarantäneterrarium für Sumpfschildkröten wird statt mit einem Wassernapf, wie es für die Landschildkröte ausreichen würde, mit einer Badeschale ausgestattet. Sie können aber die Sumpfschildkröte auch zwei- bis dreimal am Tag so mit einer Blumenspritze besprühen, daß Haut und Panzer geschmeidig bleiben. Alles andere gleicht der Landschildkrötenquarantäne.

Das Quarantäneaquarium für Wasserschildkröten sollte 50 x 50 x 50 cm groß sein. Der einzige Ausstattungsgegenstand ist ein Stück Firstziegel, das als Unterschlupf für die Schildkröte dient. Bemessen Sie den Wasserstand so, daß der Ziegelrücken als Insel aus dem Wasser ragt.

Mein Tip: Wasserschildkröten müssen

...ässer.

manchmal mit Puder oder Salbe behandelt werden. Dann können Sie die Tiere auch für Stunden oder Tage ohne Wasser in feuchten Schaumgummiwürfelchen oder Torfmoos (erhältlich im Gartenfachhandel) halten. Haut und Panzer dürfen allerdings nicht austrocknen. Sie müssen also regelmäßig sprühen.

Zuerst wird gebadet
Bevor Sie die Schildkröte in Quarantäne schicken, sollten Sie ihr ein ausgiebiges Bad gönnen.
Untersuchen Sie dabei Ihre Schildkröte nochmals eingehend auf Schäden. Vor allem in den Hautfalten können sich Zecken oder Milben (→ Seite 36) festgesetzt haben.
Die Land- und Sumpfschildkröte setzen Sie am besten in eine ausreichend

große Schüssel, die nur soweit mit 26 °C warmem Wasser gefüllt ist, daß der Kopf der Schildkröte auf jeden Fall über den Wasserspiegel hinausragt. Während des Badens kann das Tier trinken, und mit der Zeit lösen sich auch Schmutzreste vom Körper. 10 bis 20 Minuten »Badezeit« sind in der Regel aureichend.
Die Wasserschildkröte sollte ebenfalls baden, bevor sie in das Quarantäneterrarium gesetzt wird. So bleibt ihr »Schwimmbadwasser« im Aquarium länger rein.
Nach dem Bad setzen Sie das Tier in das Quarantäneterrarium beziehungsweise -aquarium und lassen es erst einmal in sein Versteck ziehen. Dort darf es so lange verweilen, bis es freiwillig wieder hervorkommt. Sie können den Prozeß beschleunigen, indem sie dem Tier täglich frisches Futter anbieten.

Das Verständnis der »Körpersprache« ist der Schlüssel für eine gute Beziehung zur Schildkröte. Ohne diese Kenntnisse werden Sie kaum die Bedürfnisse Ihres Pfleglings erkennen, geschweige denn erfüllen können.

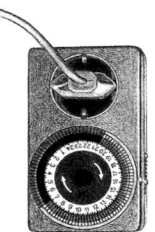

Die Zeitschaltuhr sichert ganzjährig eine fest Heizungs- und Beleuchtungsregelung.

Wie Kotproben genommen werden

Bereits in den ersten Tagen nach der Ankunft Ihrer Schildkröte sollten Sie die ersten Kotproben nehmen. Viele Ärzte und Tierärzte verfügen über spezielle Behälter, deren Deckel mit einem Löffelchen ausgestattet ist. Jedes andere, dicht verschließbare Gefäß ist ebensogut geeignet.

Sie benötigen drei Behälter, denn Sie sollten Proben an drei aufeinanderfolgenden Tagen nehmen. Ein Tropfen Wasser verhindert, daß die Probe austrocknet und damit wertlos wird. Es ist kein Schaden, wenn Sie länger auf eine Probe warten müssen. Die älteste sollte jedoch nicht älter als fünf Tage sein, wenn sie beim Tierarzt ankommt. Aufgehoben werden die Proben im Kühlschrank, damit sie nicht verschimmeln. Sonst wären sie unbrauchbar. Wichtig: Schildkröten sondern einen weißen bis gelblichen, sämigen bis bröckeligen Urin ab. Er ist für eine parasitologische Untersuchung wertlos.

Das Zusammengewöhnen mit anderen Tieren

Soll die neue Schildkröte mit einer schon vorhandenen vergesellschaftet werden, müssen Sie darauf achten, daß sowohl im Versteck als auch auf der Sonneninsel genügend Platz für zwei ist. Sonst kommt es zu Rangeleien. Alteingesessene Tiere verteidigen ihr Revier – in diesem Fall also das gesamte Terrarium – manchmal recht heftig gegen Neulinge. In solch einem Fall kommt das wenig gastfreundliche alte Tier für 14 Tage in Quarantäne. In dieser Zeit kann die Neue das Revier erkunden, gewinnt Sicherheit und läßt sich nicht mehr so leicht einschüchtern. Sollte es trotz aller Vorsicht zu nicht enden wollenden Kämpfen kommen, oder traut sich ein Tier tagelang nicht mehr unter die Augen des anderen, frißt nicht und verkriecht sich nur, dann muß jede Schildkröte ein eigenes Terrarium haben.

Vielleicht geht es in der Sommer-Frei-

Schildkrötenpflege auf einen Blick

Pflege-maßnahme	Landschildkröte	Sumpfschildkröte	Wasserschildkröte
täglich	Kot und Urin entfernen, Wasserbecken schrubben und mit frischem Wasser auffüllen, füttern.	Kot und Urin entfernen, Badebecken schrubben und füllen, füttern.	Wasserwechsel bei kleinen Aquarien, Jungtiere füttern.
wöchentlich			Wasserwechsel bei großen Aquarien. Große Tiere 2–3 mal füttern.
1/2 jährlich	Gesundheitskontrolle, Kotprobe.	Gesundheitskontrolle, Kotprobe.	Gesundheitskontrolle, Kotprobe.

anlage besser. Falls nicht, müssen Sie mit der Zusammenführung bis zur Paarungszeit (→ Seite 39) warten. Das hat in der Regel auch die »grantigsten« Partner vereint – wenn auch nicht immer auf Dauer...

Hund, Katze, Meerschweinchen oder Mäuse dürfen mit der Schildkröte nicht in Berührung kommen. Neugier und Spieltrieb oder die Bereitschaft der Nager, überall die Zähne auszuprobieren, kann vor allem für kleine Schildkröten leicht tödliche Folgen haben.

Warum Schildkröten eine Winterruhe brauchen

Tiere aus gemäßigten Zonen, also aus Europa oder den nördlichen USA zum Beispiel, müssen die Winter in einem bestimmten Ruhezustand überdauern. Niedrige Temperatur und fehlendes Futterangebot machen es den wechselwarmen Tieren unmöglich, im aktiven Zustand zu überleben. Sie helfen sich durch Einlegen der sogenannten Winterruhe, ein Zustand, in dem alle Körperabläufe unendlich verlangsamt sind. Alle Stoffwechselvorgänge, Herzschlag, Atmung und Bewegung sind so reduziert, daß die Tiere mit kleinen Fettreserven gut durch den kurzen Winter in ihrer Heimat kommen. Bei erwachsenen Schildkröten wirkt sich die Winterruhe auch sehr vorteilhaft auf das Fortpflanzungsverhalten aus. Auf Dauer ist sie geradezu notwendig zum Erhalt der Fruchtbarkeit. Unsere Schildkrötenwinter, die von Oktober bis Ende März zu rechnen sind, belasten vor allem kleine Schildkröten sehr und sollten nicht ganz zur Winterruhe ausgenutzt werden. Drei bis vier Monate sind eine gute Zeit, die auch für ausgewachsene Schildkröten nicht überschritten werden sollte.

Die Winterruhe fällt aus, wenn die Schildkröte eine schwere Erkrankung hat, die erst auskuriert werden muß. Der Ausfall der Winterruhe schadet in diesem Fall nicht. Auf Dauer ist es jedoch belastend für das Tier, im Winter seine Reserven nicht abbauen zu können und Jahr um Jahr ohne Pause aktiv sein zu müssen.

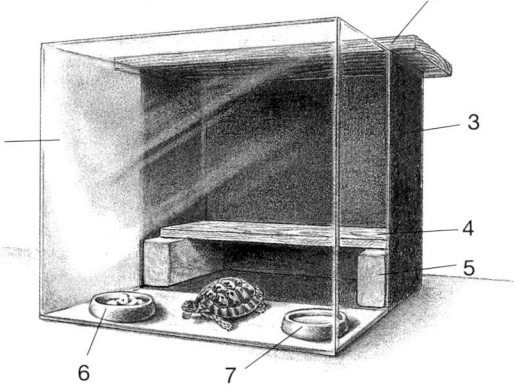

Das Quarantäneterrarium für Landschildkröten darf nicht dekoriert werden, sondern nur zweckmäßig eingerichtet sein. Glasaquarium (1), Abdeckbrett (2), Schwarze Klebefolie (3), Brett (4). Ziegelsteine (5), Futternapf (6), Wassernapf (7).

Woran Sie die Überwinterungsbereitschaft erkennen

Die Überwinterungsbereitschaft zeigt sich bei deutlicher Abnahme der Tageslängen und der Lichtstärke im Oktober. Die Aktivität der Schildkröte läßt nach, immer seltener verläßt sie ihr Versteck und bleibt oft mit dem Kopf voran in der dunkelsten Ecke vergraben. Land- und Wasserschildkröten haben keinen rechten Appetit mehr oder stellen die Nahrungsaufnahme ganz ein. Jetzt müssen Sie aktiv werden und die Schildkröte für die Winterruhe vorbereiten.

Die Überwinterung der Landschildkröte

Halten Sie sich an folgende Regeln:
- Einen Monat vor der Einwinterung ist eine Gesundheitskontrolle beim Tierarzt zu empfehlen.
- An 2 bis 3 Tagen wird das Tier 10 bis 20 Minuten in 24 ° bis 26 °C warmem Wasser gebadet, bis es vollständig seinen Darm entleert hat.
- Danach schalten Sie die Heizung und Beleuchtung im Terrarium aus und regeln auch die Zimmertemperatur auf möglichst unter 18 °C. Dauer: 2 bis 3 Tage.
- Verstärkt diese Maßnahme das Verhalten so wie auf Seite 23 beschrieben, wird die Schildkröte in die Überwinterungskiste gesetzt.

Wichtig: Wenn die Schildkröte munter bleibt und auch nach 8 bis 10 Tagen nicht zur Ruhe kommt, ist sie krank und muß zum Tierarzt.
- Vorher wiegen Sie das Tier noch – kleinere Exemplare auf einer Briefwaage. Gewichtskontrollen, die Sie während des Winterschlafs alle fünf bis sechs Wochen durchführen sollten, geben Ihnen Gewißheit, daß die Schildkröte keinen Schaden nimmt. Beachten Sie dabei: 10 % Gewichtsverlust während der Winterruhe sind für ausgewachsene, 15 % für junge Schildkröten noch normal.

Die Überwinterungskiste: Sie hat die Maße 70 x 70 x 80 cm. Die Kiste besteht aus »nachlässig« gezimmerten Brettern, so daß Luft zwischen Ritzen in das Innere dringen kann (→ Zeichnung, Seite 27). Füllen Sie den Boden der Kiste etwa 10 cm hoch mit feuchter (nicht nasser) Lavaschlacke oder gebrannten Tonkügelchen (erhältlich im Gartenfachhandel). Darüber schichten Sie fast trockenes, aber nicht dürres, Torfmoos, Laub oder Rindenhäcksel bis 10 cm unter den Rand. Decken Sie die Kiste mit Gaze oder Maschendraht ab.

Raumtemperatur: Die Überwinterungskiste sollte in einem Raum stehen, dessen Temperaturen zwischen +10°C und +12°C schwanken dürfen.

Füttern: Während der Winterruhe darf die Schildkröte nicht gefüttert werden.

So erwacht die Landschildkröte

Nach drei bis vier Monaten Winterruhe holen Sie die Schildkröte aus der Überwinterungskiste und setzen Sie in ihren Unterschlupf im Quarantäneterrarium. Sie wird zunächst weiterruhen. Doch stellen Sie das Terrarium jetzt in einen Raum mit einer Temperatur von etwa 20 bis 22°C und warten, bis sie von selbst an die Oberfläche geklettert kommt. Nun gibt es einige Dinge für Sie zu tun:
- Baden Sie das Tier in 24 bis 26°C

Erst in sechs bis zehn Jahren ist die junge Schildkröte erwachsen.

Schnell hindurch! Deckungsarmes Gelände verschafft der Schildkröte Unbehagen.

warmem Wasser, dem Sie einen flach gehäuften Teelöffel Kochsalz pro Liter zugesetzt haben.
• Wenn die Schildkröte ausgiebig getrunken hat, darf sie in ihr Terrarium. Heizung und Beleuchtung wird wie üblich geregelt (→ Seite 8).
• Bieten Sie der Schildkröte täglich frisches Futter und Wasser an, auch wenn es bis zu einer Woche dauert, bis sie zu fressen beginnt.

Die Überwinterung von Landschildkröten im Freiland

Sie ist immer dann zweckmäßig, wenn der eigene Keller im Winter nicht genug abkühlt, um die erforderliche Mindesttemperatur zu erreichen.
Die Überwinterungskiste wird dann einfach in der Erde versenkt. Zur Sicherheit sollten Sie etwa einen halben Meter hoch Ballenstroh oder einen Laubhaufen über die Kistenöffnung und die unmittelbare Umgebung der Öffnung schichten, damit starker Frost nicht bis zur Schildkröte vordringen kann. Gegen Ratten sichern Sie die Kiste vor dem Versenken mit einer Hülle aus enggeflochtenem Maschendraht.
Die Überwinterung im Frühbeet einer Schildkrötenfreianlage (→ Seite 16) ist eine recht komfortable Angelegenheit. Füllen Sie das Frühbeet zur Hälfte auf die gleiche Weise wie die Überwinterungskiste und setzen Sie den Schlafgast hinein. Wenn Sie sich überzeugt haben, daß er sich nach einigen Tagen vergraben hat, dann überschichten Sie das Häuschen mit Laub oder Stroh. Gegen Ratten wird der Boden des Häuschens mit Steinplatten ausgelegt.

25

Unterschiede in der Haltung von Schildkröten

	Landschildkröte	Sumpfschildkröte	Wasserschildkröte
Unterbringung	Landterrarium (trocken); bei Garten auch Freiland-terrarium; eventuell Über-winterungskiste. Gehegeeinrichtung einfach; technisches Zubehör notwendig (→ Seite 10).	Sumpfterrarium bei Garten auch Freiland-terrarium mit Badebecken. Gehegeeinrichtung anspruchsvoll; technisches Zubehör notwendig. (→ Seite 11).	Aquarium; bei Garten auch Freilandterrarium mit Gartenteich; Überwinterung im Aquarium; technisches Zubehör notwendig (→ Seite 14/15).
Pflege der Unterkunft	Einfach.	Einfach, aber häufiger Wasserwechsel.	Aufwendig, da große Wassermengen zu wechseln sind.
Ernährung	Vorwiegend pflanzlich an Land.	Vorwiegend tierisch im Wasser/an Land.	Vorwiegend tierisch im Wasser.
Häufigster Pflegefehler	Fußbodenhaltung, dadurch Augen- und Lungen-entzündung.	Mangelnde Hygiene; dadurch Infektionen und Darmparasiten.	Zugluft und zu kaltes Wasser; dadurch Augen- und Lungenentzündung.

Die Überwinterung von Sumpf- und Wasserschildkröten

Halten Sie sich an folgende Regeln:

• Einen Monat vor der Einwinterung ist eine Gesundheitskontrolle beim Tierarzt zu empfehlen.

• Ein Bad zur Darmentleerung ist nicht nötig. Allerdings sind besonders gründliche Entleerungen im Herbst Zeichen für die angestrebte Winterruhe.

• Heizung und Beleuchtung werden ausgeschaltet, Filter und Belüftung können weiterlaufen.

• Warten Sie, bis das Aquarienwasser Zimmertemperatur erreicht hat. Regeln Sie die Wassertemperatur für ein paar Tage auf unter 18°C.

• Wenn die Schildkröte zunehmend regloser wird und ihr passives Verhalten verstärkt (→ Überwinterungsbereit-schaft, Seite 23), setzen Sie sie in das Überwinterungsaquarium.

Wichtig: Wenn die Schildkröte munter bleibt und auch nach 8 bis 10 Tagen nicht zur Ruhe kommt, ist sie krank und muß zum Tierarzt.

• Zuvor wiegen Sie das Tier noch – kleinere Exemplare auf der Briefwaage. Als Überwinterungsaquarium genügt das Quarantänebecken wie auf Seite 20 beschrieben oder eine Plastikwanne mit etwa 120 Liter Fassungsvermögen. Den Wasserstand wählen Sie in einer Höhe, die etwa 5 cm über der des Rücken-panzers liegt. Als Versteck dient das Bruchstück eines Firstziegels. Belüftung und Filterung sind nicht notwendig. Wenn das Wasser trüb wird, sollten Sie es gegen frisches Wasser gleicher Tem-peratur austauschen.

Die Wassertemperatur muß zwischen 4° und 12°C liegen. Achten Sie darauf, daß 12°C nicht überschritten werden. Eine Fütterung darf während der Überwinterung keinesfalls erfolgen.

So erwacht die Sumpf- und Wasserschildkröte

Nach längstens vier Monaten tragen Sie das »Wasserbett« der Schildkröte in ein 22°C warmes Zimmer und warten, bis das Wasser diese Temperatur angenommen hat. Dann setzen Sie sie in das gleichwarme Wasser des Sumpfterrariums oder des Aquariums und schalten Heizung und Beleuchtung auf »Normalbetrieb«. Mit steigender Temperatur werden Sie nach zwei bis sieben Tagen eine zunehmende Aktivität und Bereitschaft zur Nahrungsaufnahme bei der Schildkröte feststellen.

Die Gewichtskontrolle hat hier dieselbe Bedeutung, wie ich es Ihnen bei der Landschildkröte beschrieben habe.

Das Überwinterungsaquarium für Wasserschildkröten wird einfach ausgestattet. Glasaquarium (1), feine Sandschicht (2), Bruchstück eines Firstziegels (3), Wasserstand (4).

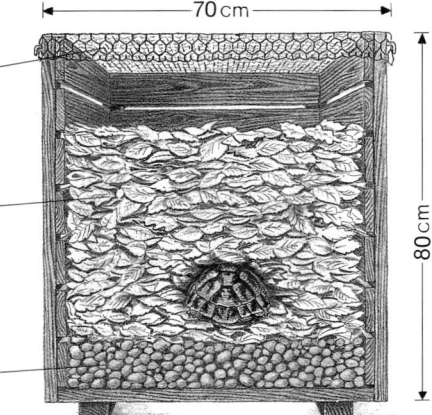

In der geräumigen Holzkiste kann die Landschildkröte überwintern. Als Feuchtigkeitsspeicher ist Blähton (1) geeignet. Darauf wird eine Lage Laub, Hobelspäne oder Torfmoos (2) geschichtet. Als Abdeckung verwenden Sie am besten Gaze oder Maschendraht (3).

Vorzeitiges Erwachen aus der Winterruhe

Meistens geschieht dies bei jahreszeitlich zu früh einsetzenden höheren Temperaturen. Sie haben nun zwei Möglichkeiten, sich der Schildkröte gegenüber richtig zu verhalten.

Abwarten: Warten Sie einige Tage, ob es nicht wieder kälter wird. Die Schildkröte hat etwa eine Woche »Sicherheit eingebaut«. In dieser Zeit wird sie zwar etwas wacher, doch kann sie ganz rasch wieder in die Winterruhe zurücksinken, wenn es kälter werden sollte. Wie zäh Griechische Landschildkröten sind, habe ich einmal von einem befreundeten Kollegen erfahren. Er hält seine Schildkröten das ganze Jahr in einer Freianlage. Einmal konnte eine sich zum Überwintern nicht tief genug vergraben, so daß in jenem harten Winter das Hinterteil zu Stein und Bein gefroren war. Im Frühjahr erwachte das Tier und läuft heute noch unbeschadet umher.

Aufwecken: Bleibt die Schildkröte unruhig, dann leiten Sie das normale »Aufweckverfahren« ein.

Futter und Fütterung

»Mutter Natur« deckt den Tisch so abwechslungsreich für Schildkröten, daß Sie sich anstrengen müssen, das Angebot auch nur in etwa nachzuvollziehen.

Ginge es alleine nach dem Geschmack Ihrer Schildkröte, ließe sie sich nur mit Bananen und Kopfsalat ernähren. Doch diese einseitige Kost schadet auf Dauer der Gesundheit des Tieres. Gewöhnen Sie die Schildkröte deshalb unbedingt an gesunde, abwechslungsreiche Nahrung.

Pflanzenkost für Landschildkröten

Im ursprünglichen Lebensraum der Landschildkröte wachsen Gräser, Kräuter, Sträucher mit den vielfältigsten Blättern, Blüten und Früchten. An den Pflanzen sitzen Insekten, Raupen und Schnecken, die den sehr geringen Bedarf an tierischem Eiweiß decken. Lassen Sie Ihrer Phantasie freien Lauf und bieten Sie alles an, was Wiese, Garten und Gemüsemarkt hergeben. Blüten, Früchte, Samen von Wiesengräsern, Kräuter und Heu. Achten Sie aber darauf, daß die Futterpflanzen nicht mit Unkraut- oder Insektenvertilgungsmittel in Berührung gekommen sind. Giftpflanzen dürfen natürlich nicht verfüttert werden (→ Bücher, die weiterhelfen, Seite 63).

Schildkröten sind allerdings sehr konservativ. Was sie einmal als Hauptnahrung angenommen haben, favorisieren sie. Das kann so weit gehen, daß sie alle andere Nahrung verweigern.

Sie lösen das Problem, indem Sie die Standardkost mit ganz fein geschnittener gesunder Beikost durchsetzen. Die Schildkröte gewöhnt sich langsam an den Beigeschmack.

Eine gute Brücke bauen Sie ihr durch die Freianlage. Die natürliche Neugier wird sie früher oder später dazu veranlassen, von den zahlreichen Pflanzen, die hier wachsen, zu kosten.

Wichtig: Sie sollen bestimmen, was die Schildkröte letztlich frißt. Ginge es allein nach ihrem Appetit, so würden Sie bald bei einer einseitigen Kost aus Banane und Kopfsalat anlangen.

Tierische Kost für Sumpf- und Wasserschildkröten

Sumpf- und Wasserschildkröten sind Gemischtköstler, nehmen also sowohl pflanzliche als auch tierische Kost an. In der Regel bevorzugen sie aber fleischliche Nahrung.

Sammeln Sie Schnecken mit und ohne Gehäuse (Achtung! Weinbergschnecken unterliegen dem Naturschutzgesetz und dürfen nicht gesammelt werden), Regenwürmer, Heuschrecken und andere Insekten. Verwenden Sie fettfreies Rinderhack, doch vermeiden Sie auf jeden Fall Schweinefleisch, das zu fett erich ist. Kleine Aquarienfische (Guppies) oder Filetstreifen von Süßwasserfischen eignen sich ebenso. Ein sehr nahrhaftes Grundfutter sind Katzen-Trockenfutterpellets gleich welcher Marke. Sie sind preiswert und enthalten Kalk, Vitamine und Fischfleisch – also genau das, was eine Sumpf- und Wasserschildkröte braucht. Darüberhinaus bietet auch der Zoofachhandel Sumpf- und Wasserschildkrötenfutter an.

Eine Europäische Sumpfschildkröte will Luft holen. Die Wasserpflanzen dienen der Bereicherung des Speiseplans.

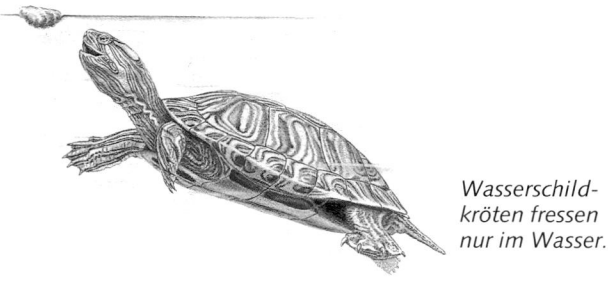

*Wasserschild-
kröten fressen
nur im Wasser.*

Futterzusätze

Nur drei, aber dafür sehr wichtige Zusätze sollten regelmäßig verabreicht werden: Kalk, Vitamine und Spurenelemente (im Zoofachhandel erhältlich).
Kalk kann als zerstoßene, gepulverte Eierschale, als Schlämmkreide oder auch als Spezialpräparat gereicht werden. Streuen Sie es bei Jungtieren während der ersten beiden Lebensjahre täglich, später zweimal wöchentlich über das Futter.
Vitamine werden als Tropfen oder in Pulverform verabreicht. Pro Schildkröte gleich welchen Alters ein Tropfen am Tag. (Vitamine sind kühl, trocken und dunkel zu lagern).
Spurenelemente gibt es in Pulverform. Pro Schildkröte gleich welchen Alters eine Prise pro Woche.
Mein Tip: Wenn Sie nicht wissen, wie Sie alles in die Schildkröte hineinbekommen sollen:
Pflanzenfressern kann man die Zusätze in etwas Bananenmus zu Beginn der Mahlzeit reichen.
Fleischfressern können Sie die Tropfen in ein Katzenfutterpellet träufeln; Pulver läßt sich mit einem aufgeweichten Pellet oder mit Hackfleisch binden.

Wieviel Schildkröten essen dürfen

Für die richtige Nahrungsmenge gibt es leider keine allgemeingültige Regel. Gesunde Schildkröten fressen oft mehr, als ihnen guttut, und werden dabei fett. Sie müssen das Tier beim Fressen beobachten und ein Gespür bekommen, wann Schluß sein sollte. Wiegen Sie die Schildkröte regelmäßig, um die Gewichtszunahme zu verfolgen, die in den ersten vier bis sechs Jahren immer langsamer vonstatten geht (der prozentuale Zuwachs wird Jahr um Jahr geringer).
Ist Ihre Schildkröte so fett, daß die Hautfalten beim Einziehen der Beine blasenförmig hervorquellen, dann vermindern Sie bitte die Futtermenge.

Füttern von Wasserschildkröten

Leben zwei unterschiedlich große Tiere zusammen, so kann die größere leicht der kleineren den Kopf abbeißen, wenn beide gleichzeitig ein und dasselbe Futterstück essen wollen. Grundsätzlich sollten Landschildkröten an Land aus einer flachen Schale, Wasserschildkröten im Wasser gefüttert werden.

»Götterspeise« für Schildkröten

Abschließend verrate ich Ihnen noch ein Spezialrezept aus der Küche eines erfolgreichen Schildkrötenzüchters. Sie sind damit in der Lage, eine Mahlzeit jeder beliebigen Geschmacksrichtung für Ihre Schildkröte herzustellen, ihr also das Lieblingsfutter anzubieten und gleichzeitig alle notwendigen Begleitstoffe (Spurenelemente, Vitamine, gegebenenfalls Medikamente) zu verabreichen. Wenn diese »Götterspeise« auch nur als Nahrungsgrundlage gedacht ist, kann sie ohne weiteres während Ihres Urlaubs als alleinige Nahrung dienen und entlastet Ihren Vertreter von der aufwendigen Futterherstellung.

Ein Spezialrezept

Dieses Rezept versetzt Sie in die Lage, eine Vollwertnahrung auf Vorrat anzulegen.

Pflanzenfresserkost besteht zu 85 bis 90 % aus Pflanzenmaterial in möglichst reichhaltiger Zusammensetzung. Der Rest (10 bis 15 %) ist fettfreies Hackfleisch vom Rind.

Fleischfresserkost setzt sich aus 75 % »Fleisch« zusammen, besser aus tierischem Eiweiß, das auch aus Kalmaren, Garnelen, Leber oder Hühnerei stammen kann. Wichtig ist eine gewisse Mischung, mit der Sie von Mal zu Mal auch verschiedene Geschmacksrichtungen austesten können. Doch auch hier gilt das Verbot von Schweinefleisch. Die restlichen 25 % der Vollwertnahrung besteht aus Kräutern, Gras oder gutem Heu.

Die Zubereitung ist sehr einfach. Waschen Sie zunächst alle Pflanzenteile gründlich unter fließendem Wasser ab.

Zerkleinern Sie die Pflanzen mit Wasser im Mixer zu einem honigartig fließenden Brei. Erhitzen Sie den Brei unter ständigem Rühren (er brennt leicht an) auf 80°C (Thermometerkontrolle) und geben Sie das Fleisch hinzu. Mischen Sie dabei noch folgende Zutaten pro Liter Brei unter: Ein flach gestrichener Teelöffel Mineralsalzgemisch (Spurenelemente) und 1/4 aufgelöste Vitamin-Brausetablette.

Rühren Sie unterdessen ausgiebig weiter, damit die Zugaben wirklich gleichmäßig verteilt werden. Lassen Sie den Brei auf 60°C abkühlen und setzen Sie ihn nach Vorschrift mit Aspikpulver (im Lebensmittelgeschäft erhältlich) an. Nach dem Erstarren schneiden Sie Tagesrationen, die Sie in Plastikbeuteln tiefgefrieren und bei Bedarf auftauen können.

Grundspeiseplan

Futter	Landschildkröte	Sumpfschildkröte	Wasserschildkröte
Pflanzlich	Wiesenblüten, Klee, Kräuter, Wild- und Gartenbeeren, Obst (sehr wenig Banane), gutes Heu.	Weiche Kräuter, Salate, Obst als Beigabe; einzelne grüne Erbsen.	Weiche Kräuter, Salate, Obst als Beigabe; einzelne grüne Erbsen.
Tierisch	Eine kleine Heuschrecke oder hartgekochtes Eigelb oder fettfreies Rinderhack in vergleichbarer Menge einmal pro Woche.	Katzentrockenfutter, frisches fettfreies Rinderhack, Süßwasserfische in Streifen geschnitten.	Katzentrockenfutter, frisches fettfreies Rinderhack, Süßwasserfische in Streifen geschnitten.
Beigaben	Alle 2–3 Tage ein Tropfen Multivitaminsaft, eine Messerspitze Vitaminpulver (Spurenelemente) und Kalkpulver pro Schildkröte.	Alle 2–3 Tage ein Tropfen Multivitaminsaft, eine Messerspitze Vitaminpulver (Spurenelemente) und Kalkpulver pro Schildkröte.	Alle 2–3 Tage ein Tropfen Multivitaminsaft, eine Messerspitze Vitaminpulver (Spurenelemente) und Kalkpulver pro Schildkröte.

Ein Bussard benutzt die Galapagosschildkröte – hier in ihrem natürlichen Lebensraum – als Landeplatz.

Fünf Fütterungsregeln

1. Pflanzenfresser werden in der Regel täglich zu Beginn ihrer Aktivitätsphase gefüttert. Achten Sie darauf, daß das Futter immer frisch ist, und wechseln Sie welkes Futter aus.

2. Verordnen Sie erwachsenen Pflanzenfressern einen »Fastentag« pro Woche, an dem es nur Heu gibt.

3. Fleischfresser werden zweimal pro Woche gefüttert.

4. Jungtiere der Fleischfresser (Sumpf- und Wasserschildkröten) sollten Sie täglich, aber mit geringeren Mengen füttern. Im Zoofachhandel wird zur Aufzucht sogenanntes Babyfutter angeboten.

5. Nach ein bis zwei Jahren werden die jungen Sumpf- und Wasserschildkröten wie erwachsene Tiere gefüttert.

Was tun, wenn die Schildkröte krank ist?

Vorbeugen ist besser als Heilen! Das gilt auch bei der Pflege Ihrer Schildkröte. Eine wichtige Vorbeugemaßnahme, die für alle Schildkrötenarten gleichermaßen gilt, sollten Sie unbedingt beachten:

Halten Sie die Schildkröte niemals auf dem Fußboden der Wohnung oder auf der Fensterbank. Hier herrscht immer – für Sie nicht spürbare – Zugluft, die für Schildkröten tödliche Folgen hat. Auch auf Hochhausbalkonen zieht es fast immer.

Für alle Jungschildkröten gilt: Gleichmäßige Kalk-, Vitamin- und UV-Licht-Versorgung sicherstellen (→ Seite 8).

Vorbeugemaßnahmen für Landschildkröten:

Badebecken und feuchte Sandzonen, die das Becken umgeben, sind wahre Brutanstalten für krankmachende Magen-Darmwürmer, deren Eier und Larven, und für Amöben und Bakterien aller Art. In der Natur wandern die Schildkröten große Strecken und den Parasiten, die sie ausscheiden, begegnen sie nie wieder. Im Terrarium ist das zwangsläufig anders. Beim Trinken und Fressen nehmen sie die ausgeschiedenen Keime wieder auf. Diese befallen den Organismus erneut und zugleich mehrt sich ihre Zahl. Dem ist die Schildkröte nicht gewachsen und erkrankt. Die wichtigste vorbeugende Pflegemaßnahme ist deshalb: Schrubben Sie das Wasserbecken täglich und halten Sie den Boden der Umgebung trocken. Wechseln Sie den Sand, der das Wasserbecken umgibt, häufig aus. (Etwa alle 4 bis 8 Wochen entsprechend von der Verschmutzung durch die Schildkröte.) Die Schildkröte setzt ihren Kot gerne ins Wasser ab. Dann sollten Sie das Wasser gleich wechseln.

Vorbeugemaßnahmen für Sumpfschildkröten:

Hier ist dieselbe Hygiene in Bezug auf die Reinhaltung des Wassers und der feuchten Erde zu beachten wie bei der Landschildkröte. Vermeiden Sie auch

»Härtetest« bei einem jugendlichen Schildkrötenpanzer. Wenn der Panzer unbeschädigt und fest ist, deutet dies auf einen guten Gesundheitszustand des Tieres hin.

Zugluft, die durch die Terrarienöffnung eindringen kann. Wenn im »Steckbrief« (→ Beliebte Schildkrötenarten, Seite 50) eine Wassertemperatur von 25° bis 27°C empfohlen wird, wirkt auch Zimmerluft von 21° bis 23°C relativ kalt. Durch Verkleinerung der Terrarienöffnung mittels Abdeckscheiben (→ Terrarium für Sumpfschildkröten, Seite 11) können Sie vorbeugen.

Vorbeugemaßnahmen für Wasser-schildkröten:

Saugen Sie den Kot möglichst immer sofort ab, falls er sich nicht gleich im Wasser verteilt. Wenn der Schmutz zu Boden sinkt, wird er mit Hilfe eines Wasserschlauches abgesaugt.

Schwimmt er an der Wasseroberfläche, können Sie ihn besser mit einer Tasse abschöpfen. Gut eignen sich auch feinmaschige Teesiebe oder ein Papier-Kaffeefilter.

Fein verteilter Schmutz wird am besten in einem gut eingefahrenen Filter fest-gehalten.

Bei Haltung in warmem Wasser müssen Sie die Aquarienöffnung größtenteils abdecken (→ Vorbeugemaßnahmen für Sumpfschildkröten, Seite 33), damit die Wasserschildkröten vor der tödlichen Zugluft geschützt sind.

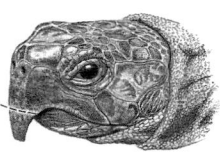

Zu lange Haken-schnäbel müssen vom Tierarzt einge-kürzt werden.

Erste Krankheitszeichen

Wenn Sie sich täglich mit Ihrer Schild-kröte befassen, werden Ihnen rechtzei-tig Veränderungen an ihr auffallen. Wird sie teilnahmslos, stellt ohne erkennbaren Grund die Nahrungsauf-nahme ein und verkriecht sich tagelang im Versteck, prüfen Sie bitte, ob es plötzlich kalt geworden oder ohnehin Zeit für die Winterruhe ist. Sollte das nicht zutreffen, ist es Zeit, einen Tierarzt aufzusuchen.

<u>Wiegen</u> Sie Ihre Schildkröte regelmäßig – ein kleineres Tier auf der Briefwaage. So haben Sie immer eine Gewichtskon-trolle, um ihre Vermutungen abzusi-chern. Nimmt die Schildkröte im Früh-jahr/Sommer nicht zu (Jungtier) oder hält zumindest das Gewicht (erwachse-nes Tier), so ist es mit Sicherheit reif für eine Untersuchung beim Tierarzt.

<u>Mein Tip:</u> Suchen Sie sich rechtzeitig einen Tierarzt, der etwas von Schildkrö-ten versteht. Zur Not durch Vermittlung meines Beratungsdienstes oder der Ortsgruppen der DGHT (→ Adressen Seite 63). Dann haben Sie die Gewähr, im Bedarfsfall gleich und für die Schild-kröte rechtzeitig Hilfe zu erhalten.

Krankheiten, die häufiger vorkommen

Im folgenden Text habe ich Ihnen die häufigsten Erscheinungsformen von Krankheiten, die bei Schildkröten vor-kommen, zusammengestellt.

Schmieriger, übelriechender Stuhlgang

<u>Mögliche Ursache:</u> Folge einer Darmin-fektion.

<u>Behandlung:</u> Nehmen Sie mehrere Kot-proben für den Tierarzt und lassen Sie sie auf Salmonellen, Amöben und Magen-Darmwürmer untersuchen. Der Tierarzt verordnet die entsprechenden Medikamente. Bis zur Heilung sollte das Tier in Quarantäne leben. Das Terra-rium müssen Sie zwischenzeitlich aus-räumen, schrubben und desinfizieren. Desinfektionsmittel erhalten Sie beim Tierarzt oder im Zoofachhandel.

Verstopfung

<u>Mögliche Ursache:</u> Zu trockene Hal-tung. Hat Ihr Tier die Möglichkeit, täg-lich zu baden? Auch eine fortgeschrit-

So sieht man Elterntier und Jungtier nur im Terrarium zusammen. In der Natur kümmern sich die Eltern nicht mehr um das Gelege. Die Jungtiere sind nach dem Schlupf sofort selbständig.

Gesundheitskontrolle

	Gesunde Schildkröte	Kranke Schildkröte
Augen	Blank, ohne Ausfluß	Trüb, verdickt, mit Schleim-bläschen
Haut	Geschmeidig, frei von Parasiten	Trocken, rissig, Parasiten in den Hautfalten
Panzer	Fest, unbeschädigt	Weich, verformt, verletzt
Afterregion	Sauber	Kotverschmiert
Nase/Mundregion	Trocken	Schleimbläschen
Körperform	Gleichmäßig gewölbt	Ungleichmäßig mit Dellen oder Höckern
Verhalten	Aktiv, kraftvolle Abwehr beim Aufheben	Apathisch, teilnahmslos beim Aufheben
Kot	Fest, pastenförmig, von unauffälligem Geruch	Schleimig-flüssig, übelriechend

tene Amöbeninfektion oder ein massiver Wurmbefall kann zur Verstopfung führen.
Behandlung: Der nächste Tierarzt hilft.

Darmvorfall
Krankheitsanzeichen: Der Darm tritt aus der Kloake hervor und wird mitgeschleift; nicht zu verwechseln mit der Vorwölbung der Analblase oder des Penis bei manchen Wasserschildkröten. Sie werden im Unterschied zum Darmvorfall nach einigen Minuten wieder zurückgebildet. Der Darmvorfall bei Land- und Wasserschildkröten bleibt jedoch tagelang bestehen.
Mögliche Ursache: Nicht geklärt; eventuell mechanische Beeinträchtigung des Darmes durch Fremdkörper.
Behandlung: Die Schildkröte muß umgehend vom Tierarzt operiert werden, sonst stirbt sie.

Geschwollene Augenlider
Mögliche Ursache: Zugluft; Wasserschildkröten reagieren darüber hinaus auf zu kaltes und zu schmutziges Wasser mit dieser Erkrankung.
Behandlung: Sofort zum Tierarzt und Ursache der Erkrankung abstellen. Achtung! Eventuell verordnete Augensalbe ist unter die Augenlider, nicht obendrauf zu schmieren.

Lungenentzündung
Krankheitsanzeichen: Geräuschvoller Atem, Bläschen im Rachen und auf der Nase.
Mögliche Ursache: Zugluft, zu kalte Haltung.
Wasserschildkröten zeigen eine Lungenentzündung auch durch eine schräge Schwimmlage.
Behandlung: Sofort zum Tierarzt und Haltungsbedingungen ändern.

Zu lange Krallen müssen Sie beschneiden.

E s gibt inzwischen sehr gute Medikamente, die auch Schildkröten helfen. Doch ist die beste Gesundheitsfürsorge nutzlos, wenn Sie die Grundregeln der Pflege nicht beachten. Besonders gefährlich sind die Dinge, die vom Menschen nicht »gesehen« werden, wie ungeeignete Temperaturen, Zugluft und mangelhafte Terrarienhygiene.

Panzererweichung oder Verformung

Ursache: Mangel an Kalk, Vitamin D und Ultraviolettem Licht.

Behandlung: Ist der Mangel schon so weit gediehen, daß der Panzer bereits erweicht ist, so hilft eine Änderung der Fütterung nicht mehr. Das Tier muß unbedingt mit Vitamin- und Calciuminjektionen durch den Tierarzt wiederhergestellt werden. Anschließend müssen Sie selbstredend durch eine verbesserte Fütterung und UV-Bestrahlung weiterhin vorbeugen. Besonders Jungtiere sind in dieser Hinsicht sehr aufmerksam zu behandeln.

Blattartig dünne Hornschichten lösen sich vom Panzer, Hautablösungen

Diese Erscheinungen treten normalerweise in regelmäßigen Abständen bei allen Kriechtieren auf. Dabei bleiben keine blutenden oder nässenden Wunden zurück.
Entdecken Sie nach der Horn- und Hautablösung an Hals und Beinen jedoch eine Wunde, liegt eine Erkrankung vor.
Mögliche Ursache: Milben- oder Pilzinfektion.
Behandlung: Sofort zum Tierarzt. Eine verbesserte Hygiene und regelmäßige UV-Bestrahlung wirken vorbeugend.

Panzerverletzungen, Panzerbruch

Ursache: Unfälle, bei denen Schildkröten aus großer Höhe auf harten Boden fallen (etwa vom Tisch), vom hauseigenen Auto überfahren oder vom Hund gebissen werden.
Behandlung: Sofort zum Tierarzt. Wenn keine Organe verletzt sind, hat das Tier selbst dann gute Überlebenschancen, wenn die Öffnung der Wunde so groß ist, daß Sie in das Innere des Tieres schauen können. Abhilfe schaffen Sie, indem Sie der Schildkröte einen geschützten Auslauf

bieten, wo derartige Unfälle nicht geschehen können.

Bißwunden, Hautverletzungen

Mögliche Ursachen: Revierkämpfe oder Zufallsverletzungen.
Behandlung: Wenn die Verletzungen so klein sind, daß sie von alleine aufhören zu bluten und sich innerhalb weniger Tage mit festem Schorf bedecken, ist eine ärztliche Behandlung meistens überflüssig. Mit Kamillenteebädern oder einer Wund- und Heilsalbe aus Ihrer Hausapotheke können Sie etwas Unterstützung zur Heilung bieten. Tiefe, klaffende Wunden oder Entzündungen müssen ärztlich versorgt werden.

Außenparasiten (Zecken, Milben)

In den Hautfalten vor allem der After- und Halsregion finden Sie gelegentlich eine weißlich-bröselige Masse abgestorbener Haut, unter der winzige, meist rötlich gefärbte »Pünktchen« wimmeln. Das sind Milben, nicht größer als eine Stecknadelspitze.
Zecken finden Sie in der Regel vereinzelt. Sie sind festsitzend, schwarzbraun, flach bis kugelig und von der Größe eines Stecknadelkopfes.
Behandlung: Die Schildkröte muß in der Quarantäne und nach tierärztlicher Vorschrift mit Neguvon® behandelt werden. Oft is es auch möglich die Parasiten mit einem Tropfen Öl zu beträufeln, sie mit einer Pinzette oder einer speziellen Zeckenzange (aus dem Zoofachhandel) zu packen und durch vorsichtiges Drehen zu entfernen. Falls Milbenbefall vorliegt, muß das Terrarium zusätzlich desinfiziert werden.

Legenot

Dieser Ausdruck bezeichnet einen Zustand, in dem eine weibliche Schildkröte Eier ausgebildet hat, sie jedoch

Indische Dachschildkröte mit Seidenreiher.

nicht auf natürliche Weise ablegen kann.
<u>Mögliche Ursachen:</u> Häufig ist das Fehlen eines geeigneten Eiablageplatzes der Auslöser. Meistens ist das Sandbett zu niedrig. Auch das Fehlen bestimmter Hormone kann zur Legenot führen.
<u>Behandlung:</u> Wenn Sie feststellen, daß die Schildkröte tagelang mit den Hinterbeinen an einer Grube scharrt, jedoch keine Eier ablegt, dann kann es hilfreich sein, den Untergrund aufzuschütten. Eine Höhe, die der Panzerlänge entspricht, müßte ausreichen. Fehlen der Schildkröte dagegen Hormone, muß sie zum Tierarzt gebracht werden. Dort erhält sie eine Injektion mit Oxytocin®.

Allgemeine Pflegemaßnahmen
Auch wenn die Schildkröten durch ihre »rauhe Schale« sehr robust wirken, ist es gut, wenn Sie von Zeit zu Zeit überprüfen, ob Sie nicht eine der folgenden »kosmetischen« Maßnahmen vornehmen müssen.

Während der kalten Jahreszeit transportieren Sie die Schildkröte am besten in einem Karton. Legen Sie eine Wärmflasche auf den Kartonboden und setzen Sie die Schildkröte, die in einem Baumwollsack verpackt ist, darauf.

Zu lange Krallen
<u>Ursache:</u> Haltungsfehler. Die Schildkröte bewegt sich zu wenig und der Untergrund ist zu weich, so daß sie die Krallen nirgendwo abschleifen kann.
<u>Behandlung:</u> Schaffen Sie gegebenenfalls Abhilfe, indem Sie den Untergrund abändern.
Eine geeignete Sofortmaßnahme ist das Kürzen der Krallen mit einer Nagelzange (→ Zeichnung Seite 35).
Eine Ausnahme machen die Männchen einiger Wasserschildkröten, zum Beispiel der Rotwangenschmuckschildkröte. Sie tragen von Natur aus längere Krallen an den Vorderfüßen, die nicht beschnitten werden sollen.

Zu lange Hornscheiden am Mundrand
<u>Ursache:</u> Zu weiche Nahrung.
<u>Behandlung:</u> Die Hornscheiden müssen abgefeilt werden. Vorbeugend wirkt härteres Futter, dem etwas Sand anhaften kann.

Panzer- und Hautkosmetik
Alle zwei Monate eine »Abreibung« mit Vaseline-Creme und Haut und Panzer wirken wieder 10 Jahre jünger… Nur nicht zuviel des Guten! Ist die Fettschicht zu dick, verstopft sie die Poren.

Schildkröten als Krankheitsüberträger
Bisher konnte noch niemand beweisen, daß Schildkröten Krankheiten auf den Menschen übertragen. Selbst ihre Darmparasiten können nicht im menschlichen Körper überleben. Hunde und Katzen sind im Vergleich dazu geradewegs gefährlich. Lediglich Salmonellen sollen einmal von Schildkröten auf Kinder übertragen worden sein. Doch schützt davor eine ganz normale Hygiene (Händewaschen nach der Terrarienarbeit).

Wenn Schildkröten Nachwuchs bekommen

Wenn die Pflegeumstände positiv sind, Sie Ihren Schildkröten auch genügend Platz bieten, daß sie nicht ganzjährig dicht auf dicht hocken müssen, dann wird sich ein Pärchen in der Regel sozusagen »von selbst« vermehren. Mit »positiven Umständen« sind bei europäischen Arten vor allem auch Winterruhe und Freilandhaltung im Sommer gemeint.

Gesetzliche Bestimmungen

Die Zucht der artengeschützten Schildkröten ist grundsätzlich erlaubt, muß aber bei der zuständigen Naturschutzbehörde angemeldet werden. Allerdings kann die Naturschutzbehörde die Zuchterlaubnis von dem Nachweis abhängig machen, daß der Züchter über ausreichende Kenntnisse und über eine artgerechte Unterbringung verfügt. Wichtig: Schildkröten, die vom Aussterben bedroht sind (WA-I-Arten), dürfen ohne besondere Ausnahmegenehmigung nicht ge- oder verkauft werden. Dies gilt selbst dann, wenn die Tiere nachgezüchtet worden sind. Mit Nachzuchten der besonders geschützten Arten (alle WA-II-Arten) darf wieder gehandelt werden (→ auch Seite 7).

Wann sind Schildkröten geschlechtsreif?

Natürlich müssen die Schildkröten geschlechtsreif sein, bevor sie sich fortpflanzen können. Europäische Landschildkröten sind bereits mit drei bis fünf Jahren im fortpflanzungsfähigen Alter, Europäische Sumpfschildkröten dagegen erst mit zehn bis zwölf Jahren. Viele Arten erlangen die Geschlechtsreife zwischen diesen Altersangaben. Andererseits hängt es nicht allein vom Alter ab, wann die Schildkröte geschlechtsreif wird, sondern auch von der Wachstumsgeschwindigkeit und den allgemeinen Lebensbedingungen.

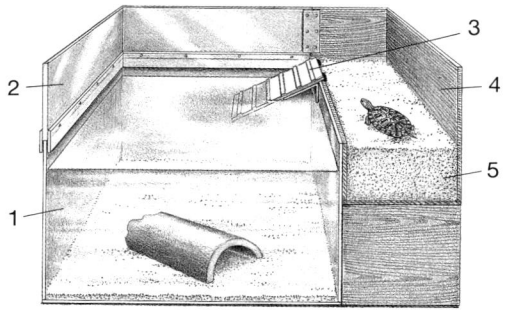

Auch Wasserschildkröten legen ihre Eier an Land ab. So können Sie Ihrer Schildkröte eine Eiablagemöglichkeit schaffen: Aquarium (1), Aufsatz aus Plexiglas (2), Steg mit Aluwinkel (3), Eiablagekiste (4), Sand (5).

Die Paarungszeit der tropischen und subtropischen (subtropisch = europäisch beziehungsweise nordamerikanisch) Schildkröten wird durch verschiedene äußere Einflüsse bedingt und liegt in der Regel zwischen Ende April und Ende Mai. Zum Beispiel sind zunehmende Tageslänge und Sonnenstandshöhe entscheidende Auslöser. Da versteht es sich auch von selbst, daß eine Haltung nur bei künstlicher, immer gleichlanger Beleuchtung hemmend auf die Fortpflanzungsbereitschaft wirkt.

Vor der Eiablage hebt das Weibchen eine Grube aus, *die Eier werden einzeln abgelegt*

Sechs Züchter-Tips

Wenn Sie der Ansicht sind, daß Sie ganz sicher ein Pärchen haben, es bestens pflegen und die Tiere auch alt genug sind, sie aber trotzdem keine Ansätze zur Paarung zeigen, dann können Sie die Paarungsbereitschaft durch ein paar züchterische Kunstgriffe fördern:

1. Trennen Sie die Tiere ein bis zwei Monate vor dem geplanten Paarungstermin und führen Sie sie dann wieder zusammen.

Trennen heißt in diesem Fall außer Sicht-, Hör- und Riechweite, also am anderen Ende des Gartens oder im Nachbargarten.

Haben Sie die Winterruhe so organisiert, daß die Schildkröten zur Paarungszeit gerade aus der Winterruhe kommen, dann erübrigt sich eine weitere Trennung.

2. Verkürzen Sie die Brenndauer von Spotstrahler und Beleuchtung im Terrarium drei Monate vor der Paarungszeit auf 6 Stunden pro Tag. Beginnen Sie nach zwei Monaten über drei bis vier Wochen hinweg die Besonnungsdauer langsam auf das »sommerliche« Maximum von zehn bis zwölf Stunden zu steigern.

3. Verändern Sie gleichzeitig die Temperatur im Terrarium. Halten Sie drei Monate vor dem geplanten Termin die Temperaturen 4°C bis 5°C unter den als Obergrenze angegebenen Wasser- und Lufttemperaturen. (Zum Beispiel: Es sind 24° bis 27°C als Haltungstemperatur angegbeben, dann lassen Sie jetzt nicht mehr als 22° bis 23°C zu. Die punktförmige Wärmequelle (Spotstrahler oder Heizfolie im Boden) bleibt dabei ausgeschaltet).

4. Beginnen Sie dann mit der Verlän-

und zum Schluß mit Erde bedeckt. *Jungtiere graben sich selbständig aus der Erde.*

gerung der Beleuchtungsdauer auch die Temperatur schrittweise über drei bis vier Wochen hinweg zu erhöhen. Schalten Sie in der letzten Woche stundenweise Spotstrahler und/oder Heizmatte hinzu (→ Schildkröten richtig unterbringen, Seite 8).
5. Lassen Sie in der letzten Woche vermehrt »Frühlingsschauer« niedergehen, das heißt, sprühen Sie zweimal täglich ausgiebig mit einer Blumenspritze das Terrarium und die Schildkröte ab. Bei Land- und Sumpfschildkröten erhöht sich dadurch die Luftfeuchtigkeit im Terrarium. Zusammen mit der zunehmenden Temperatur ist das ein weiterer guter Auslöser des Paarungstriebes.
Mein Tip: Verwenden Sie zum Sprühen Regen- oder entkalktes Wasser. Mit der Zeit setzen sich sonst häßliche Kalkflecken an den Terrarienscheiben fest.
6. Wenn Sie jetzt noch den Schildkrö-

ten frisches, zartes Futter anbieten, werden die Tiere kaum umhinkönnen, den Frühling zu ignorieren, und erst mit den Paarungsspielen, dann mit der Paarung selbst beginnen.

Die Befruchtung der Eier
Wenn Sie Glück haben und die Paarung der Schildkröten nach Plan verläuft, sollten Sie wissen, was dazu im Innern der Schildkröte vor sich geht: Der Samen wurde vom Männchen bereits im vorausgegangenen Sommer ausgebildet und während der Winterruhe gespeichert. Das Weibchen legt seine Eier ebenfalls im Sommer an und schließt die Entwicklung nach der Winterruhe im Frühjahr ab. Bevor es die Schale ausbildet, werden die Eier befruchtet. Dazu ist nicht jedesmal eine Paarung notwendig, denn manche Weibchen können den einmal aufge-

Zu den Bildern:
Viele frisch geschlüpften Schildkröten haben noch einen kleinen Dottersack am Bauchnabel. Er wird eintrocknen und abfallen, wenn Sie das Tier sauber halten. Entzündet sich das Gewebe aber, müssen Sie mit der Schildkröte zum Tierarzt.

41

Der Höhepunkt einer guten Schildkrötenpflege ist die erfolgreiche Nachzucht, bei der Jungtiere gesund großgezogen werden. In der Regel geht das nur gut, wenn Sie bei der Pflege der erwachsenen Schildkröte bereits Erfahrung sammeln konnten.

nommenen Samen bis zu vier Jahren speichern! Das gilt es vor allem zu beachten, wenn Sie eine Schildkröte erwerben, die, obwohl bei Ihnen als Einzeltier gehalten, nach ein bis drei Jahren befruchtete Eier legen kann.

Die Fortpflanzung der Landschildkröte

Männchen in Paarungsstimmung sind immer auf der Suche nach einem Weibchen. Sie steuern auf alles zu, was auch nur entfernt nach einer Schildkröte gleicher Art aussieht, um es zu beriechen. Ist es tatsächlich eine weibliche Schildkröte derselben Art – was durch Testen des arteigenen Geruchs festgestellt wird –, dann umrundet das Männchen das Weibchen in engen Kreisen. Das Weibchen hält früher oder später an und betrachtet sich den Freier. Der beißt es jetzt in die Vorderbeine, um es zum Einziehen von Kopf und Beinen zu veranlassen. Natürlich erwartet er, daß das Weibchen dabei sein Hinterteil nicht ebenfalls im schützenden Panzer birgt. Tut es das, ermuntert er seine Auserwählte durch leichte Rammstöße, die er mit seinem Panzer gegen den ihren ausführt. Er möchte sie so zunächst zum Laufen bewegen, um dann das beschriebene Ritual erneut ausführen zu können. Hält das Weibchen sich endlich an die »Spielregel«, so besteigt das Männchen seine Partnerin von hinten, um sich mit ihr zu vereinen (→ Zeichnung Seite 2). Dabei stößt es zischende, pfeifende oder leise »keuchende« Laute aus.

Die Fortpflanzung der Sumpfschildkröte

Manche, mehr landlebende Arten, balzen an Land ähnlich wie die Landschildkröte, paaren sich jedoch letztlich bevorzugt im Wasser wie zum Beispiel die Schmuck-Dosenschildkröte (→ Seite 51).

Die Fortpflanzung der Wasserschildkröte

Sie nutzt den Schwimmraum für ihre Rituale. Die »Chrysemis«-Männchen schwimmen die Weibchen von vorne oder von hinten an, zittern mit den Vordergliedmaßen nahe am Kopf der Auserwählten und streichen mit den extrem langen Krallen daran entlang. Verbunden ist das mit einer einleitenden ausgiebigen Geruchskontrolle, die auch unter Wasser möglich ist. Der Geruch und das Balzspiel sind bei jeder Art anders, so daß eine Verwechslung ausgeschlossen ist. (Wegen des spezifischen Geruchs erhielt auch die Moschusschildkröte ihren Namen). Bei anderen Arten folgt auf das Beriechen im Wasser ein heftiges Kopfnicken des Männchens. Es beißt dann nach dem Weibchen, das den Kopf im Panzer birgt. Anschließend hält sich das Männchen mit seinen Krallen am Panzerrand des Weibchens fest, um sich mit ihm zu paaren. Die Weichschildkröten haben nur ein schwach ausgeprägtes »Vorspiel«.

Die künstliche Erbrütung der Eier

Alle Schildkröten vergraben ihre Eier an Land, auch wenn es sich um ein ausgeprägt wasserlebendes Tier handelt wie beispielsweise die Weichschildkröte. Wasserschildkröten müssen Sie die Möglichkeit geben, bei Bedarf das Wasser zu verlassen, damit sie ihre Eier in einer Sandkiste vergraben können. Die Kiste sollte quadratisch und etwa doppelt so lang wie die Schildkröte sein. Am besten stellen Sie einen mit Sand gefüllten Kasten so neben das Aquarium, daß die Schildkröte das Wasser verlassen und über eine Rampe hineinklettern kann. Die Sandhöhe entspricht der Panzerlänge. Durch entsprechende Aufbauten müssen Sie dafür sorgen, daß das Weibchen nicht an einer anderen Stelle aus dem Aquarium klettert und abstürzt (→ Zeichnung Seite 39). <u>Landschildkröten</u> vergraben ihre Eier im Terrarium, wenn die Sandhöhe der Panzerlänge entspricht.

<u>Nach der Eiablage</u> nehmen Sie die Eier – es können bis zu sechs Stück und mehr sein – und markieren sie mit einem weichen Bleistift an der Oberseite. Die Eier dürfen während der gesamten Brutdauer nicht gedreht werden, da sonst der Keim von seinem Dotter erdrückt wird. Eine Klarsichtdose aus Kunststoff, halb gefüllt mit »Vermiculit«, einem Isolationsstoff aus der Baubranche (zur Not tut es auch einfacher Bausand) und mit etwas Wasser zur Befeuchtung des Isolationsstoffes versehen, ergeben eine geeignete Brutkammer. Betten Sie die Eier zur Hälfte in das Vermiculit (oder den Sand). Verschließen Sie die Klarsichtdose mit dem passenden Deckel. Im Innern der Dose entwickelt sich die notwendige Luftfeuchtigkeit von 100 %. Lüften Sie den Deckel einmal täglich und fächeln Sie durch drei bis vier kurze Schwünge mit dem Deckel Frischluft in die Brutkammer. Sorgen Sie dafür, daß das Kondenswasser am Deckel nicht auf die Eier tropft. Sie könnten absterben, wenn sie zu naß werden. Stellen Sie die Dose mit den Eiern in einen Raum, in dem eine Temperatur von 27°C herrscht. Das kann Ihr Heizungskeller, das Frühbeet der Freianlage oder das entsprechend beheizte Quarantäneterrarium sein. <u>Das Schlüpfen der Jungtiere</u> erfolgt nach 30 Tagen (Weichschildkröte), kann aber auch 90 Tage (Schmuckschildkröte) oder 150 Tage (Schlangenhalsschildkröte) dauern.

Die Aufzucht der Jungtiere

Die frisch geschlüpften Schildkröten werden getrennt von den Elterntieren in einem gesonderten Terrarium oder Aquarium großgezogen. Die Lebensbedingungen (Temperatur, Futter) sind die gleichen wie bei den erwachsenen Tieren. Allerdings fressen die Jungtiere nicht gleich nach dem Schlupf. Etwa eine Woche wird vergehen, bis sich ihr Stoffwechsel von der Verdauung des Dotters auf die Verdauung fester Nahrung umgestellt hat.

Schneiden Sie das Futter etwas kleiner, damit es für die Jungtiere gut zu greifen ist. Sorgen Sie für eine geregelte Kalk- und Vitaminzufuhr (→ Ernährung, Seite 28), übertreiben Sie die Vitaminversorgung jedoch nicht! Sie wirkt dann ebenso schädlich wie eine Unterversorgung.

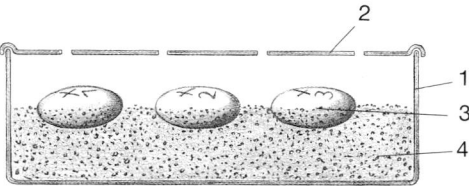

Eine Klarsichtkunststoff-Dose (1), deren Deckel (2) Luftlöcher haben muß, dient als Brutkammer. Die markierten Eier (3) liegen in einer Schicht aus Bausand oder Vermiculit (4).

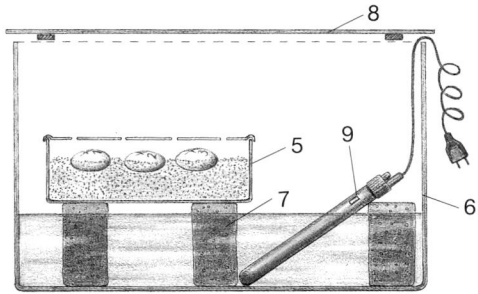

Um die Brutkammer (5) zu klimatisieren, wird sie auf Ziegelsteine (7) in ein Plastikaquarium (6) mit einer nahezu dicht schließenden Abdeckungsscheibe aus Glas (8) gestellt. Der Regelheizer (9) sorgt für eine gleichmäßige Bruttemperatur.

Schildkröten verstehen lernen

Schildkröten nehmen in der Sagenwelt mancher Völker eine bedeutende Stellung ein. Die alte Anschauung im hinduistischen Glauben beispielsweise sah die Welt noch als Scheibe, wie ein Teller, gestützt von vier Elefanten. Die vier Dickhäuter stehen dabei auf dem Rükken einer riesigen Schildkröte.

Schildkröten gab es schon zur Zeit der Saurier. Damit gehören sie zu den wenigen herausragenden Ordnungen im Tierreich, denen ein Überleben bis heute gelungen ist. Das ist sonst nur Echsen und Krokodilen geglückt. Die Vorfahren der heute lebenden Schildkröten haben bereits zu einer Zeit die Erde bevölkert, als es weder Vögel noch Säugetiere gab. Das war vor 180 Millionen Jahren...

Schildkröten in der Sagenwelt des Menschen

In vielen naturverbundenen Völkern nimmt die Schildkröte als ein Teil der belebten Natur eine bedeutende Stellung ein: Die Indianer Nordamerikas sahen sie als Schöpferin des Erdfundamentes: Ursprünglich lebten alle Tiere auf dem Rücken einer riesigen Schildkröte, die im Weltmeer trieb. Erst als Krabben Sand vom Grunde des Meeres heraufholten und auf dem Schildkrötenpanzer aufhäuften, entstand die heutige, auch für Mensch und Pflanzen bewohnbare Erde.

Die Indianer sind es auch, die die Schildkröte als freundlichen, unendlich weisen und scharfsinnigen Ratgeber schätzen.

Die Körpersprache

Bis auf ausgesprochen seltene Ausnahmen bei der Paarung (→ Seite 42) oder wenn sie an einer Lungenentzündung erkrankt sind (→ Seite 35), geben Schildkröten keine Laute von sich. Sie können also Wohlbehagen oder Schmerz nicht wie Hund oder Katze durch die Stimme äußern. Schildkröten haben jedoch eine eigene Körpersprache, mit der sie sich vor allem untereinander verständigen. Wenn Sie die Bedeutung der einzelnen Verhaltensweisen kennen, sind Sie in der Lage einzuschätzen, was Ihre Schildkröte damit »sagen« möchte.

An der Wand entlanglaufen/-klettern: Oft werden Sie beobachten, daß die Schildkröte unablässig an der Wand des Terrariums entlangstreift und einen Weg zu suchen scheint, ihrem Gehege zu entkommen. Oder die Schildkröte bemüht sich laufend, in einer Ecke den oberen Rand des Geheges zu erklettern. Das sind in der Regel deutliche Signale, die sagen, daß die Lebensumstände dem Tier nicht behagen. Dieses Verhalten ist noch verständlich, wenn die Schildkröte ihre Behausung neu bezogen hat. Dann kann es als neugieriges Erkunden ihres Revieres gewertet werden. Lassen die Ausbruchsversuche aber nach drei bis vier Tagen nicht merklich nach, so stimmt vermutlich etwas mit dem Terrarienklima nicht. Auch starke Gerüche oder zu laute Geräusche können das Wohlbefinden der Schildkröte beeinträchtigen.

Graben in der Erde: Gräbt Ihre Landschildkröte unablässig in der Erde, handelt es sich wahrscheinlich um ein Weibchen. Es will Eier legen, findet aber keinen geeigneten Eiablageplatz. Möglich ist auch, daß sie ein Versteck sucht, oder in die Winterruhe möchte (→ Seite 23).

Wühlen im Kies unter Wasser: Auch Wasserschildkröten wühlen unter Was-

In dieser Stellung beobachtet die Wasserschildkröte aufmerksam ihre Umgebung.

ser gerne im Kies. Dabei wird es sich in der Regel um eine allgemeine Nahrungssuche handeln, die in diesem Fall als Zeitvertreib einzuordnen ist.

Alle Viere von sich gestreckt: Wenn die Schildkröte in der Sonne liegt und alle Viere von sich streckt, den Kopf flach auf dem Boden, dann wird sie ein Sonnenbad nehmen und sich wohlfühlen. Liegt sie aber ganztags so unter der Heizlampe und macht dazu einen schwachen Eindruck, dann kann sie schwer erkrankt sein und muß zum Tierarzt.

Aufrichten: Stellt sich die Schildkröte auf alle Viere und reckt den Kopf nach oben, so zeigt sie sich neugierig interessiert an ihrer Umgebung.

Kopf und Beine einziehen: Zieht sie Kopf und Beine ruckartig zurück, hat sie Angst und möchte nicht weiter gestört sein.

Sinnesleistungen der Schildkröte

Riechen: Das Riechvermögen ist sehr gut und führt die Schildkröte zielsicher zum Geschlechtspartner und zum Futter.

Wasserschildkröten riechen unter Wasser ebensogut wie an Land. Deshalb kommen sie auch im trüben Wasser an ihr Ziel.

Sie pumpen das Wasser mit Bewegungen des Mundhöhlenbodens durch die Nase in den Mund und lassen es aus dem Mund abfließen.

Sehen: Die Augen sind scharf, vor allem, um in der Ferne Futter oder Feinde wahrzunehmen.

So kann die Griechische Landschildkröte zum Beispiel aus größerer Entfernung sehr gut eine ihrer Lieblingsspeisen, die gelben Löwenzahnblüten, erkennen, von nahem jedoch nicht mehr; dann orientiert sie sich mehr mit ihrem Geruchssinn.

Hören: Das Ohr ist äußerlich manchmal schwer zu erkennen. Es liegt etwa hinter der »Wange« und ist oft von einer ledrigen Haut oder von Schuppen bedeckt.

Eine äußere Ohrmuschel fehlt, so daß das Trommelfell direkt unter der Haut liegt. Schildkröten nehmen am besten tiefere Töne wahr. So ist es möglich, die Schildkröte anzusprechen oder mit tiefen Tönen eines Instrumentes zu locken. Ich kenne Fälle, wo Schildkröten auf Zuruf der Halterin oder auf ihr Klavierspiel hin reagierten und aus ihrem Versteck kamen, um sich ihr Futter abzuholen.

Bodenschwingungen (Tritte, fallende Steine) werden über die Beine und den Panzer zum Innenohr weitergeleitet, das durch die Erschütterung gereizt wird.

Beim Sonnenbad wird möglichst viel Haut gezeigt.

Der Körperbau der Schildkröten

Der Panzer: Das Auffälligste an der Schildkröte ist ihr Panzer. Und der größte Fehler, den Sie machen könnten, wäre, diese Bezeichnung wörtlich zu nehmen. Denn er besteht größtenteils aus lebendem, verletzlichem Material.

Das tragende Element sind Knochenplatten-Teile der Wirbelsäule, der Rippen des Schultergürtels und verknöcherter Haut. Damit ist der Panzer Teil des Skeletts. Das Skelett ist von einer empfindlichen Knochenhaut überzogen. Jeder, der schon einmal einen Tritt gegen das Schienbein bekommen hat, weiß, wie empfindlich diese Knochenhaut ist... Die Knochenhaut am Schildkrötenpanzer ist letztlich nur von den Hornplatten geschützt. Nur diese Hornplatten sind »totes Material« – vergleichbar dem menschlichen Fingernagel.

Zwischen den Schildern in den Fugen, dort wo sich bei Wachstum helle Zonen zeigen, ist die Knochenhaut praktisch ungeschützt und hochempfindlich gegen Kratzen, Bürsten und Bohren mit dem Fingernagel!

Die oft zu beobachtenden »Wachstumsringe« geben Auskunft über Wachstumsschübe des Panzers, lassen jedoch keine Rückschlüsse auf das Alter zu. Während der Panzer der Landschildkröte mit dem Alter etwas höckriger und im Hornbild dicker wird, nutzt er sich gleichzeitig von außen her ab. Das geschieht beim Umherstreifen durch Reibung an Wurzeln, Dornen und Steinen und beim Graben. Solange das Tier gesund ist, kommt es nicht zu Ablösungen ganzer Hornplatten. Das ist anders bei einigen wasserlebenden Schildkröten (unter anderem bei *Chrysemis*, *Cuora* und *Chelodina*-Arten). Bei ihnen ist es ganz normal, daß von Zeit zu Zeit die äußerste Hornplatte

abgestoßen wird und dann zum Schrecken besorgter Liebhaber im Aquarium herumschwimmt (→ Krankheiten, Seite 33).

Bei der Weichschildkröte ist eine besondere Ausbildung des Panzers festzustellen. Eigentlich müßte es statt »Ausbildung« »Rückbildung« heißen, denn das flache, knöcherne Rückengewölbe ist nur von einer zähen, ledrigen Haut überzogen. Hornplatten fehlen. Der Bauchpanzer besteht aus etwas verbreiterten Knochen in der Becken- und Schultergürtelregion. Der

Jungschildkröten stecken quer im Ei und verlassen es oft zur Seite hin.

größte Teil der Bauchseite ist nur von der weichen Haut bedeckt.

Erstaunlich ist dann die Tatsache, daß die im Sand vergrabene Weichschildkröte über die Körperhaut in erheblichem Umfang »atmet«, das heißt Sauerstoff aufnimmt und Kohlendioxyd abgibt. Nicht zuletzt deshalb ist die Schildkröte auch hochempfindlich gegen unsauberes Wasser im Aquarium oder gegen Panzerverletzungen, die sehr schnell verpilzen.

Die Dosenschildkröte (→ Seite 51) hat eine weitere Besonderheit – nämlich den »Einbau« von Scharniergelenken in den Panzer – zu bieten. Damit wird der

47

Griechische Landschildkröten

Schutz des Panzers in einer verblüffenden Weise perfektioniert. Während im »Normalfall«, zum Beispiel bei der Griechischen Landschildkröte, Kopf, Arme und Beine in den Panzer gezogen werden, während die derbe Haut der Beine nach außen zeigt, kann die Dosenschildkröte den quergeteilten Bauchpanzer vorne und hinten zugbrückenartig hochziehen. Damit hat sie dann wirklich »dicht gemacht« und ist rundum geschützt.
Andere in diesem Buch erwähnte

Schildkröten haben ähnliche Mechanismen (→ *Klappschildkröte*, Seite 58) und die mit einem Rückenpanzerscharnier ausgestattete Gelenkschildkröte (→ *Kinixys*, Seite 54).
<u>Mein Tip:</u> Wenn Ihnen Schildkröten des besonders seltenen »Höckertyps« angeboten werden, die Sie aus der Literatur oder sonstwoher mit ebenmäßig gerundetem Panzer kennen, so wird es sich mit größter Wahrscheinlichkeit um ein verwachsenes, rachitisches Exemplar handeln, bei dem die einzelnen

Knochen- beziehungsweise Hornplatten einzeln kegelförmig emporstehen. Von dem Kauf eines solchen Tieres rate ich Ihnen ab.

Die Farbe des Panzers ist – allerdings normalen – Veränderungen unterworfen. Junge Schmuckschildkröten zum Beispiel sind grasgrün gefärbt, während ausgewachsene Tiere einen schwarzbraunen Panzer besitzen. Weniger ausgeprägt findet man das Dunklerwerden des Panzers mit zunehmendem Alter auch bei vielen anderen Arten. Unabhängig davon sind Schildkröten in Menschenobhut fast immer gleichförmiger gefärbt als gleichgroße Tiere in der freien Wildbahn. Diese Tiere sind meistens leuchtender, farbintensiver, was auf Licht, Nahrung und natürliche »Panzerpolitur« zurückzuführen ist.

»Schnabel« und Krallen: Ein weiteres auffälliges Schildkrötenmerkmal ist die Zahnlosigkeit. Statt einer Reihe weißer Reptilienzähne besitzen die Schildkröten scharfe Hornschneiden, mit denen sie Pflanzliches zerhäckseln und Tierisches zerschneiden.

Da die Kiefer mit großer Kraft ausgestattet sind, kann die Schildkröte auch den Menschen bis aufs Blut beißen. Manche Arten, beispielsweise die Weichschildkröten können sogar schwere Verletzungen verursachen und müssen mit besonderer Vorsicht gehandhabt werden.

Die Hornschneiden können zum speziellen Beuteerwerb in der Spitze hakenförmig gegeneinander gekrümmt sein. Bei einigen Arten ist nur die Spitze des Oberkiefers verlängert und dient als Kletterhilfe.

Bei den in diesem Buch beschriebenen Arten würde die verlängerte Spitze des Oberkiefers allerdings eine Fehlentwicklung bedeuten, die korrigiert werden müßte (→ Zeichnung, Seite 34). Zu lange Hornscheiden behindern das

Breitrandschildkröte

Stachelrand-Gelenkschildkröte

Tier bei der Nahrungsaufnahme. Ebenso wie die messerscharfen Hornscheiden wachsen auch die Krallen an den Füßen der Schildkröte ständig nach. Achten Sie deshalb darauf, daß Ihre Schildkröte die Möglichkeit hat, die Krallen auf natürliche Weise abzunutzen (→ Zeichnung, Seite 35). Mit zu langen Krallen kann die Schildkröte in Ritzen hängenbleiben und sich die Nägel aus dem Bett reißen. Es kann in solch einem Fall zu schlimmen Entzündungen kommen.

49

Beliebte Schildkrötenarten

In diesem Ratgeber habe ich Ihnen vor allem Schildkrötenarten beschrieben, die zur Zeit am häufigsten im Zoofachhandel angeboten werden. Schildkröten, die dem Washingtoner Artenschutz (WA), EG-Bestimmungen oder der Bundesartenschutzverordnung unterliegen, sind mit dem Symbol Ⓢ gekennzeichnet (→ Was Sie über Artenschutz wissen müssen, Seite 7). Darüber hinaus finden Sie auch Pflegeanleitungen von streng geschützten Arten, die nicht mehr gehandelt werden dürfen (→ Wichtige Informationen zu den geschützten Schildkrötenarten, Seite 60). Sie wurden in den Ratgeber aufgenommen, weil es noch viele Privathalter gibt, die solche Schildkröten pflegen.

Typisch für die Breitrandschildkröte ist der ausgezogene Hinterrand des Panzers.

Unter dem Stichwort »Haltung« habe ich in den Pflegeanleitungen unter anderem auch Angaben über die Haltungstemperatur der jeweiligen Schildkrötenart gemacht. Diese Angaben können nur Richtwerte sein. Bitte informieren Sie sich zusätzlich in einem Klimaatlas (→ Bücher, die weiterhelfen, Seite 63) über die Jahres- und Tagesschwankungen der Temperatur und Luftfeuchtigkeit im natürlichen Lebensraum Ihrer Schildkröte. Zusammen mit den Verbreitungsangaben im Steckbrief der jeweiligen Schildkrötenart ist es dann leicht, die Temperaturangaben zu variieren. Die Futterangabe in der Pflegeanleitung sagt lediglich aus, ob diese Schildkröten pflanzliche oder fleischliche Nahrung bevorzugt (→ Futter und Fütterung, Seite 28).

Landlebende Schildkröten

Griechische Landschildkröte Ⓢ
Testudo hermanni
Foto, Seite 48
Größe: Bis 20 cm.
Verbreitung: Griechenland, Balkanländer bis zur Donau. Die Unterart Testudo hermanni hermanni lebt in Süditalien. Eine zweite Unterart, Testudo hermanni robertmertensi, kommt in Mittel- und Norditalien, auf den Balearen, Korsika, Sardinien, in Südfrankreich und Ostspanien vor.
Natürlicher Lebensraum: Freier, steppiger Boden mit eingestreuten Steinen und locker verteilten Sträuchern; viel Sonne und lichter Schatten.
Haltung: Terrarium und Freianlage; Erforderliche Luft-Durchschnittstemperaturen: 18 °C (nachts) − 26 °C (tagsüber). Im Sommer so oft wie möglich im Freien halten, aber nur, wenn während kalter Nächte (unter 16 °C) ein Gewächshaus zur Verfügung steht (→ Seite 17) und tagsüber in der Sonne auf Steinen wenigstens über 2-3 Stunden hinweg 32 − 36 °C gemessen werden. Ein Ersatz durch Spotstrahler ist möglich (→ Seite 8). Im Frühjahr und Herbst müssen diese Temperaturen dann im Terrarium hergestellt werden.
Verhalten: Tagaktiv, klettert und gräbt gerne; bei richtiger Pflege sehr lebhaft.
Futter: Pflanzenkost.

Winterruhe: Ja.
Ähnlich zu pflegende Arten: Maurische
Landschildkröte, Breitrandschildkröte,
Vierzehen-Landschildkröte.

Maurische Landschildkröte Ⓢ

Testudo graeca
Foto, Seite 52 4⌋
Größe: Bis über 30 cm.
Verbreitung: Südeuropa, Iran, Ägypten,
Libyen, Marokko in insgesamt vier
Unterarten, die aber alle gleichartig zu
pflegen sind.
Natürlicher Lebensraum: → Griechische
Landschildkröte.
Haltung: → Griechische Landschild-
kröte.
Verhalten: → Griechische Landschild-
kröte.
Futter: Pflanzenkost.
Winterruhe: Ja.

Breitrandschildkröte Ⓢ

Testudo marginata
Foto, Seite 49 oben
Größe: Etwa 30 cm.
Verbreitung: Südgriechenland; auf
Sardinien künstlich angesiedelt.
Natürlicher Lebensraum: Sonnige
Hänge mit dichtem Gras- und Strauch-
bewuchs, durch den sie sich enge Pfade
trampeln.
Haltung: → Griechische Landschild-
kröte.
Verhalten: → Griechische Landschild-
kröte.
Futter: Pflanzenkost.
Winterruhe: Ja.

Vierzehen-Landschildkröte Ⓢ
(Russische Landschildkröte)

Testudo horsfieldii
Foto, Seite 52 1⌋
Größe: Bis 20 cm.
Verbreitung: Östlich des Kaspischen
Meeres, Iran bis Pakistan in Wüsten
und Gebirgen. Trockener Sand- und
Lehmboden, verstreuter Gras- und
Buschbestand.
Natürlicher Lebensraum: → Griechische
Landschildkröte.
Haltung: → Griechische Landschild-
kröte.
Verhalten: → Griechische Landschild-
kröte.
Futter: Pflanzenkost.
Winterruhe: Ja.
Besonderheiten: Graben bis 12 m lange
Gänge unter der Erde. Das Freiland-
terrarium muß also auch unter der Erde
ausbruchsicher sein. Trockenruhezeit
auch im Sommer. Dann kaum Nah-
rungsaufnahme und Ruhephase im
Höhlenversteck. Von Eiablage bis zum
Schlupf der Jungtiere können 8 Monate
vergehen. Nur vier Krallen an Vorder-
und Hinterbeinen.

Schmuck-Dosenschildkröte Ⓢ

Terrapene ornata
Foto, Seite 52 2⌋
Größe: Bis 15 cm.
Verbreitung: USA, zwischen den west-
lichen Nebenflüssen des Mississippi,
jedoch nicht in den Bergen.
Natürlicher Lebensraum: Fruchtbares
Grasland, sandige, halbtrockene Böden
mit Strauchwuchs, nahe von Gewässern.
Haltung: Terrarium und Freianlage;
Lufttemperatur 18 °C (nachts) – 28 °C
(tagsüber). Im Terrarium Morgen- und
Abendsonne.
Verhalten: Dämmerungsaktiv (morgens
und abends), tagsüber in Höhlen.
Futter: Fleischliche Nahrung, auch
Schnecken. Pflanzliche Beikost, auch
Pilze.
Winterruhe: Ja.
Besonderheiten: Querverlaufendes
Gelenk am Bauchpanzer erlaubt
»zudeckeln« durch Anziehen der Pan-
zerabschnitte. Frißt auch Giftpilze ohne
Schaden. Nur für erfahrene Schild-
krötenpfleger zu empfehlen.

*Griechische Land-
schildkröten (oben)
besitzen im Gegen-
satz zu Maurischen
(unten) ein geteiltes
Schild über der
Schwanzwurzel.*

1 | *Vierzehen-Landschildkröte*

3 | *Köhlerschildkröte*

2 | *Schmuck-Dosenschildkröte*

4 | *Maurische Landschildkröte*

5 | *Glattrand-Gelenkschildkröte*

Gleichgültig, ob Sie sich für die Haltung einer land- oder wasserleben-den Schildkröte ent-scheiden, immer müssen Sie auf die Bedürfnisse der jeweiligen Art ein-gehen. Nur so haben Sie anhal-tende Freude an Ihrer Schildkröte.

Rotwangen-Schmuckschildkröte

Europäische Sumpfschildkröte

8 | *Zierschildkröte*

Glattrand Gelenkschildkröte Ⓢ
Kinixys belliana
Foto, Seite 52 5⌋
Größe: 20 cm.
Verbreitung: Mittleres und südliches Afrika, Madagaskar.
Natürlicher Lebensraum: Steppenlandschaft mit sandig-kiesigem Untergrund, trocken, verstreut Gräser und Buschwerk.
Haltung: Terrarium und Freianlage; Lufttemperatur 20 °C (nachts) – 30 °C (tagsüber). In der Freianlage nur bei heißem Sommerwetter; an kühleren, bewölkten Tagen im Terrarium.
Verhalten: Tagaktiv.
Futter: Pflanzenkost.
Winterruhe: Keine (Ausnahmen möglich).
Besonderheiten: Rückenpanzergelenk zum Schließen der Hinterpartie.
Ähnlich zu pflegende Arten:
Stutz-Gelenkschildkröte Ⓢ , *Kinixys homeana;* Größe 20 cm, im tropischen Regenwald Westafrikas verbreitet. Daher höhere Luftfeuchtigkeit (70–90 % relative Feuchte) und höhere Lufttemperatur notwendig 24 °C (nachts) – 30 °C (tagsüber).
Stachelrand-Gelenkschildkröte Ⓢ , *Kinixys erosa;* (Foto, Seite 49 unten); Größe bis 30 cm, im tropischen Regenwald des westlichen Afrika lebend. Daher höhere Luftfeuchtigkeit und Lufttemperatur notwendig wie bei der Stutz-Gelenkschildkröte.
Köhlerschildkröte Ⓢ , *Testudo Carbonaria* (Foto, Seite 52 3⌋); Größe bis 50 cm, Verbreitung im tropischen Regenwald Südamerikas. Höhere Luftfeuchtigkeit und Lufttemperatur notwendig als bei Stutz-Gelenkschildkröte.
Hinweis: Es ist für einen Anfänger sehr schwierig, die Klimabedingungen eines tropischen Regenwaldes im Terrarium herzustellen.
Sehr empfindlich und nicht zu halten:
Bunte Erdschildkröte, *Rhinoclemys pulcherrima,* auch als *Geoemyda pulcherrima (manni)* bezeichnet und andere Unterarten. Im Sommer 1989 sind etwa 1000 Bunte Erdschildkröten importiert worden. Selbst erfahrenen Wissenschaftlern ist eine befriedigende Haltung nicht gelungen.
Um den Schildkröten, die sich noch in Privathand befinden, die Leiden soweit es geht zu lindern, hier die wichtigsten Haltungsbedingungen: Aquaterrarium $1/3$ Wasser, $2/3$ Land; Wassertemperatur 27 °C; Lufttemperatur 27–28 °C, unter Heizlampe 36 °C; Terrarium abdecken, Luftfeuchigkeit 85–95 %.

Wasserlebende Schildkröten/ Sumpfschildkröten

Rotwangen-Schmuckschildkröte Ⓢ
Chrysemys [Pseudemys] scripta elegans
Foto, Seite 53 6⌋
Größe: Bis 25 cm.
Verbreitung: USA, östlich und westlich des Mississippi.
Natürlicher Lebensraum: Stille, verkrautete Gewässer, die sich in der Sonne schnell erwärmen.
Haltung: Aquarium und Gartenteich; Im Aquarium 26–28 °C Wassertemperatur, 26–32 °C Lufttemperatur. Freilandhaltung von Juni bis August/September, solange für mindestens 3–4 Stunden am Tag in der Sonne außerhalb des Wassers eine Körpertemperatur von 36 °C erreicht wird und das Wasser nicht unter 22 °C abkühlt.
Verhalten: Tagaktiv, gerne auf Sonnenplatz dicht über dem Wasser, lebhafte Schwimmerin.
Futter: Jungtiere Fleischfresser, mit zunehmendem Alter Pflanzenfresser.

Chinesische Dreikielschildkröte (Chinemys reevesii)

Winterruhe: Ja, jedoch nicht länger als 10 bis 12 Wochen.

Besonderheiten: Einzelhaltung ist vorzuziehen, sofern nicht Nachwuchs geplant wird. Leicht unverträglich bei Platzmangel.

Ähnlich zu pflegende Arten: **Gelbwangen-Schmuckschildkröte,** *Chrysemys (Pseudemys) scripta troosti,* Größe bis 25 cm; **Hieroglyphen-Schmuckschildkröte,** *Chrysemys concinna hieroglyphica,* Größe bis 40 cm.

Moschusschildkröte

Sternotherus odoratus
Foto, Seite 56 10|
Größe: Bis 15 cm.
Verbreitung: USA (Florida) bis südliches Kanada.
Natürlicher Lebensraum: Stille, krautreiche Gewässer mit flachen Ufern.
Haltung: Aquaterrarium und Gartenteich; Tiere aus den nördlichen USA bei 20–25 °C Wassertemperatur, die aus den südlichen USA bei 23-28 °C pflegen. Lufttemperatur 24-28 °C.
Im Sommer im Gartenteich bei gleichen Wassertemperaturen. Auf flache Ufer achten, da schlechte Schwimmer.
Verhalten: Tag und Nacht aktiv, starke Esser.
Futter: Fleischfresser.
Winterruhe: Ja/nein, je nach Herkunft, Entscheidung im Zweifelsfall nur durch genaue Beobachtung im Herbst möglich (→ Winterruhe, Seite 23).
Besonderheiten: Scheidet bei Reizung ein stark riechendes Sekret aus. Schlechte Schwimmerin, Flachwasserzone zum Ausruhen mit Bodenkontakt ist wichtig.
Ähnlich zu pflegende Arten: **Kaspische Wasserschildkröte** Ⓢ , *Clemmys caspica rivulata,* Größe bis 20 cm, in Seen und Flüssen zu Hause, Fleischfresser, Überwinterung nach Verhalten beurteilen. **Europäische Sumpfschild-** kröte Ⓢ , *Emys orbicularis* (Foto, Seite 53 7 |), Größe bis 25 cm, in Sumpfgebieten Europas verbreitet, Fleischfresser, Winterruhe notwendig.

Mississippi-Höckerschildkröte

Graptemys kohnii
Foto, Seite 57 16|
Größe: Bis 25 cm.
Verbeitung: Südliche USA.
Natürlicher Lebensraum: Kleine stille Gewässer, warm und krautreich, reich an Insekten und Fischen.
Haltung: Aquarium mit Sonneninsel, Gartenteich; Wassertemperatur 22–28 °C, Lufttemperatur 22–28 °C, Insel zum Sonnen außerhalb des Wassers im Aquarium besonders wichtig. In Freianlage nur an wirklich heißen Sommertagen, wenn Körpertemperatur 36 °C erreichen kann.
Verhalten: Tagaktiv.
Futter: Pflanzenfresser, größerer Anteil an tierischer Beikost als üblich.
Winterruhe: Ja.
Ähnlich zu pflegende Arten: **Maurische Wasserschildkröte** Ⓢ , *Clemmys caspica leprosa* (Foto, Seite 56 9 |), Größe bis 25 cm. Lebt in Flüssen Spaniens, Portugals und Algeriens. Bedürfnis nach Winterruhe durch Beobachtung feststellen.
Falsche Landkarten-Höckerschildkröte, *Graptemys pseudogeographica,* Größe bis 25 cm. Lebt in fruchtbaren Gewässern der USA in vier Unterarten. Pflanzenfresser mit viel tierischer Beikost, Überwinterung empfehlenswert.
Kaspische Bachschildkröte Ⓢ , *Clemmys caspica caspica,* Größe bis 25 cm. Lebt in langsam fließenden Gewässern südlich des Kaspischen Meeres in drei Unterarten. Pflanzenfresser mit viel tierischer Beikost, Überwinterungsbedürfnis durch Beobachtung feststellen.

Die Moschusschildkröte hat eine charakteristische Kopfform.

9| *Maurische Wasserschildkröte*

10| *Moschusschildkröte*

Schildkröten, die eine Winterruhe brauchen, sollten sie auch erhalten. Ihr gesamter Lebensrhythmus ist darauf abgestellt. Sie können sich vermutlich vorstellen, wie Ihr arbeitsreiches Leben aussehen würde, wenn Sie nie Urlaub machen dürften, um sich richtig zu erholen. Genauso ginge es der Schildkröte ohne Winterruhe.

11| *Amboina-Scharnierschildkröte*

Gelbrand-Scharnierschildkröte

Tropfenschildkröte

Dickhalsschildkröte

15| Schlangenhalsschildkröte

16| Mississippi-Höckerschildkröte

Die meisten wasserleben-
den Schildkröten
schwimmen gern
und ausgiebig.
Deshalb brauchen
Sie ein großes Aqua-
rium, um diesen
Schildkrötenarten
genügend
Schwimmraum bie-
ten zu können.

Tropfenschildkröte
Clemmys guttata
Foto, Seite 57 13|
Größe: Bis 12 cm.
Verbreitung: Im Osten und Nordosten
der USA, von Florida bis Michigan und
Ontario.
Natürlicher Lebensraum: Kleine,
sumpfige Wiesengewässer und lang-
sam fließende Flüsse; Bruchgewässer.
Haltung: Aquarium und Freianlage;
Wassertemperatur 22–27 °C, Lufttemperatur 22–28 °C. In Freianlage nur an
heißen Sonnentagen, wenn Körpertemperatur außerhalb des Wassers
36 °C erreichen kann.
Verhalten: Tagaktiv, wenn Wasser warm
genug, häufig untergetaucht; bei kälte-
rem Wasser häufiger sonnenbadend.
Futter: Pflanzenkost.
Winterruhe: Ja.
Besonderheiten: Männchen mit
braunen Augen, Weibchen mit gelben.
Bei der Überwinterungsdauer starke
Nord-Süd Verbreitung beachten, was
bedeuten kann, daß die Tiere an unterschiedlich lange Ruhezeiten angepaßt
sein können.

Chinesische Dreikielschildkröte
Chinemys reevesii
Zeichnung, Seite 54
Größe: Bis 17 cm.
Verbreitung: Indonesien, Japan,
Südost-China.
Natürlicher Lebensraum: Stille Süß- und
Brackgewässer.
Haltung: Aquarium und Freianlage;
Aquarium mit Unterwasser-Klettermög-
lichkeiten zur Oberfläche, da schlechter
Schwimmer. Freianlage nur an heißen
Sommertagen, wenn das Wasser 27 °C
erreicht, da die in Europa gehandelten
Arten in der Regel aus dem südlichen
Verbreitungsgebiet stammen. Wasser-
temperatur 24-27 °C, Lufttemperatur
24–28 °C.

Verhalten: Tagaktiv.
Futter: Fleischkost.
Winterruhe: keine.
Ähnlich zu pflegende Arten:
Smith Dachschildkröte, *Kachuga smithii*
(Foto, Seite 37), in Indus und Ganges le-
bend, Pflanzenfresser, keine Winterruhe.
Gelbrand-Scharnierschildkröte, *Cuora
flavomarginata* (Foto, Seite 56 11|) aus
Südchina und Taiwan.

Klappschildkröte
Kinosternon subrubrum
Größe: Bis 12 cm.
Verbreitung: USA, Ebenen des Mississippi und Zuflüsse, Ostküste.
Natürlicher Lebensraum: Stille, flache
und krautreiche Gewässer aller Art mit
flachen Ufern.
Haltung: Aquaterrarium und Freianla-
lage; Aquaterrarium, halb Land – halb
Wasser mit flachem, leicht zu erklet-
terndem Ufer, da die Schildkröte
schlecht schwimmt und viel an Land
weilt. Freianlage von Ende Mai bis September. Wassertemperatur 23–24 °C,
Lufttemperatur 22–28 °C.
Verhalten: Früh morgens und abends
aktiv; tagsüber und nachts inaktiv.
Aggressiv gegen Artgenossen, daher
empfehle ich Anfängern zunächst Einzelhaltung.
Futter: Jungtiere: 50% Wasserinsekten
und 50% weiche Pflanzenkost. Heran-
wachsende Tiere: Fleischkost-Pflanzen-
kost zu gleichen Teilen.
Winterruhe: Ja/nein, je nach
geographischer Herkunft. Notwendig-
keit der Überwinterung am Verhalten
ablesen (→ Seite 23).
Besonderheiten: Scharnier im Bauchpanzer ermöglicht Verschließen der
Panzeröffnungen. Können stark riechendes Sekret absondern. Männchen
sind deutlich an einer stark verhornten,
nagelähnlichen Schwanzspitze von den
Weibchen zu unterscheiden.

Amboina-Scharnierschildkröte

Cuora amboinensis
Foto, Seite 57 12|
Größe: Bis 20 cm.
Verbreitung: Südostasien.
Natürlicher Lebensraum: Stille, flache Gewässer.
Haltung: Aquarium mit Unterwasser-Kletterhilfen zur Oberfläche, da schlechter Schwimmer. Wassertemperatur 24–30 °C, Lufttemperatur 26–30 °C.
Wichtig Selbst kurzfristiges Absinken der Temperatur auf unter 18 °C kann die Gesundheit schädigen!
Verhalten: Tagaktiv.
Futter: Fleischkost.
Winterruhe: Keine.

Dickhalsschildkröte

Siebenrockiella crassicollis
Foto, Seite 57 14|
Größe: Bis 20 cm.
Verbreitung: Südostasien, tropischer Regenwald und Savanne.
Natürlicher Lebensraum: Tümpel, Teiche und Fließgewässer aller Art.
Haltung: Aquarium mit Unterwasser – Kletterhilfen, Wassertemperatur und Lufttemperatur 24–30 °C.
Verhalten: Tagaktiv, ruhiges Temperament.
Futter: Fleischkost und Pflanzenkost je zur Hälfte.
Winterruhe: Keine.

Schlangenhalsschildkröte

Chelodina longicollis
Foto, Seite 57 15|
Größe: Bis 30 cm.
Verbreitung: Ost-Australien.
Natürlicher Lebensraum: Stille und langsam fließende Gewässer, seichte Ufer. Zur Regenzeit auch an Land.
Haltung: Besonders großes Aquarium; Wassertemperatur 23–28 °C, Lufttemperatur 24–28 °C.

Verhalten: Tagaktiv, lebhafter Schwimmer, zur Paarungszeit recht bissig.
Futter: Fleischkost.
Winterruhe: Nein.
Besonderheiten: Diese Schildkröte bringt Kopf und Hals in Sicherheit, indem sie sie seitlich zwischen Bauch- und Rückenpanzer legt («Halswender«).

Die Schlangenhalsschildkröte läßt die Verwandtschaft zu den Sauriern erahnen.

Zierschildkröte

Chrysemys picta
Foto, Seite 53 8 |
Größe: Bis 25 cm.
Verbreitung: USA, östlich des Mississippi, im Norden auch westlich davon.
Natürlicher Lebensraum: Ruhige, krautreiche Gewässer.
Haltung: Aquarium und Freianlage; Wassertemperatur 20–25 °C, Lufttemperatur 20–25 °C. Im Aquarium Spotstrahler zum Aufwärmen über »Insel« als Ausgleich zur niedrigen Wassertemperatur; in die Freianlage ab Ende Mai bis September.
Verhalten: Tagaktiv; recht beständiger Wechsel von Futtersuche und Sonnenbad.
Futter: Fleisch- und Pflanzenkost je zur Hälfte.
Winterruhe: Ja.

Wichtige Informationen zu den geschützten Schildkrötenarten

Auf Seite 7 dieses Ratgebers finden Sie das Wichtigste zum Thema Artenschutz. Darüber hinaus erhalten Sie hier einen genauen Überblick darüber, welche der beliebten Schildkrötenarten die ab Seite 50 vorgestellt werden, durch das Washingtoner Artenschutzabkommen (WA), durch EG-Bestimmungen und die Bundesartenschutzverordnung (BArtSchV) der Bundesrepublik Deutschland geschützt sind.

Landschildkröten

Griechische Landschildkröte: In Anhang II des WA aufgeführt. Zusätzlich in Anlage C1 der EG-Verordnung – verstärkt zum WA – unter Schutz gestellt. In der BArtSchV als »vom Aussterben bedroht« bezeichnet. Der Import und Handel dieser Schildkrötenart ist verboten. Ausnahme: Nachzuchten der F 2 Generation mit Sondergenehmigung.
Maurische Landschildkröte: Siehe Griechische Landschildkröte.
Breitrandschildkröte: Siehe Griechische Landschildkröte.
Vierzehen-Landschildkröte: In Anhang II des WA aufgeführt. Zusätzlich durch die BArtSchV Anlage 2 geschützt. Das bedeutet, bei dieser Art wird in Deutschland eine weitere Einfuhrgenehmigung verlangt, die aber in der Regel nicht erteilt wird.
Schmuck-Dosenschildkröte: Alle Dosenschildkröten in Anlage 1 der BArtSchV aufgeführt. Es wird keine Einfuhrgenehmigung erteilt, so daß diese Schildkrötenart nicht mehr importiert werden kann.
Westafrikanische Gelenkschildkröte: In Anhang II des WA aufgeführt. Zusätzlich durch die EG-Verordnung Anlage C2 geschützt. Das bedeutet, für diese Schildkrötenart ist in Deutschland eine Einfuhrgenehmigung erforderlich.
Stutz-Gelenkschildkröte: Siehe Westafrikanische Gelenkschildkröte.
Stachelrand-Gelenkschildkröte: Siehe Westafrikanische Gelenkschildkröte.
Köhlerschildkröte: Siehe Westafrikanische Gelenkschildkröte.

Wasserlebende Schildkröten/Sumpfschildkröten

Rotwangen-Schmuckschildkröte: In der BArtSchV Anlage 3 aufgeführt. Das bedeutet, diese Art darf nicht mehr nach Deutschland importiert werden. Nachzuchten und Tiere, die sich bereits im Land befinden, sind frei handelbar.
Kaspische Wasserschildkröte: In Anlage 1 der BArtSchV aufgeführt. Sie darf weder importiert noch gehandelt werden. Ausnahme: Nachzuchten der F 2 Generation mit Sondergenehmigung.
Europäische Sumpfschildkröte: Siehe Kaspische Wasserschildkröte.
Maurische Wasserschildkröte: Siehe Kaspische Wasserschildkröte.
Kaspische Bachschildkröte: Siehe Kaspische Wasserschildkröte.
Für die Schweiz und Österreich gelten nur die Bestimmungen des Washingtoner Artenschutzabkommens.
Stand August 1990

Da die derzeitigen Bestimmungen ständig überprüft und den neuesten Erkenntnissen über den Bestand der jeweiligen Schildkrötenart in der Natur angepaßt werden, sollten Sie sich gegebenenfalls bei der Unteren Naturschutzbehörde über den aktuellen Stand der Bestimmungen informieren.

Aus Liebe und Verantwortung

Heimtiere machen nicht nur Kindern, sondern der ganzen Familie viel Freude. Und ob Hund, Hamster oder Wellensittich – wer sich einmal an den kleinen Liebling gewöhnt hat, möchte ihn nicht mehr missen. Deshalb ist es wichtig, über die Bedürfnisse der Tiere wirklich Bescheid zu wissen. Die **GU Tier-Ratgeber** – von anerkannten Autoren geschrieben – sind ideal als Helfer bei der artgerechten Haltung mit Herz und Verstand. GU Ratgeber gibt es zu allen beliebten Tierarten. Sie sind auch für Kinder geeignet, die ihr Tier selbst versorgen wollen.

DER GROSSE GU RATGEBER

Ulrich Klever

HUNDE

Experten-Rat für die Hundehaltung mit Herz und Verstand

34,80 DM

12,80 DM

14,80 DM

12,80 DM

12,80 DM

**Mehr draus machen.
Mit GU.**

Sachregister

Die **halbfett** gesetzten Seitenzahlen verweisen auf Farbfotos und Zeichnungen. U = Umschlagseite.

Adressen,
die weiterhelfen

Fragen zur Schildkröten-
haltung beantworten:
Dr. Hartmut Wilke, Schnam-
pelweg 4, Vivarium, Darm-
stadts Tiergarten,
64287 Darmstadt,
Telefon: (06151) 13 33 91 –
jeden Donnerstag
15.00 – 16.00 Uhr;
außerhalb der hessischen
Schulferien. Beantwortung
von Einzelfragen kostenlos.

DGHT – Deutsche Gesell-
schaft für Herpetologie
und Terrarienkunde e. V.,
Postfach 1421,
53351 Rheinbach

Bücher und Zeitschriften,
die weiterhelfen

Bücher
Harald Jes: Das Terrarium. Gräfe
und Unzer Verlag, München
Nietzke, G.: Die Terrarien-
tiere (Band I und II). Verlag
Eugen Ulmer, Stuttgart
Obst, F.J.: Die Welt der
Schildkröten. Müller,
Rüschlikon
Obst F.J.; Meusel, W.: Die
Landschildkröten Europas
und der Mittelmeerländer
Die Neue Brehm-Bücherei,
Westarp Wissenschaften,
Magdeburg

Nielsen/Sieversen: Giftpflan-
zen, Europäische Arten,
ihre Bestimmung, Wirkung
und Geschichte. Kosmos-
Naturführer
Zimmermann, E.: Das Züch-
ten von Terrarientieren.
Kosmos Verlag, Stuttgart
Länder und Klima: Afrika;
Asien; Australien; Europa;
UdSSR; Nord- und Süd-
amerika. Brockhaus Verlag

Falls einige der angegebenen
Bücher im Buchhandel ver-
griffen sind, werden Sie diese
sicher in Bibliotheken finden.

Zeitschriften
DATZ vereinigt mit AQUARIEN
MAGAZIN (Die Aquarien-
und Terrarienzeitschrift),
Eugen Ulmer Verlag, Stuttgart
SAURIA
erscheint vierteljährlich; zu
beziehen über: B. Buhle,
Planetenstr. 45,
12057 Berlin
HERPETOFAUNA
erscheint jeden 2. Monat;
Herpetofauna-Verlags GmbH,
Postfach 1110,
71365 Weinstadt

Wichtige Hinweise:
Die in diesem Buch beschriebenen elektrischen
Geräte für die Terrarien- beziehungsweise Aquarienpflege (→ Seite 8, 10/11 und 14/15) müssen
mit dem gültigen TÜV-Zeichen versehen sein. Es
muß auf die Gefahren geachtet werden, die bei
dem Umgang mit derartigen elektrischen Geräten
und Leitungen, insbesondere in Verbindung mit
Wasser, bestehen. Es wird dringend die Anschaffung eines elektronischen Fehlstrom-Überwachungsgerätes empfohlen, das die Stromzufuhr
unterbricht, sobald in Geräten oder Leitungen ein
Schaden auftritt. In gleicher Weise funktioniert ein
FI-Schalter (Fehlerstrom-Schutzschalter), der nur
vom Fachmann installiert werden darf.

Die Fotos auf dem Buchumschlag:
Umschlagvorderseite: Dosenschildkröte.
Umschlagseite 2: Zwei junge Rotwangen-
schmuckschildkröten und eine Schmuckschild-
kröte.
Umschlagseite 3: Kaspische Wasserschild-
kröten beim Sonnenbad.
Umschlagrückseite: Rotwangenschmuck-
schildkröte.

Die Fotografen:
Cramm/Silvestris: S. 49 o.; G. Denzau-Neu-
mann: S. 37; Jacana: S. 12, 16, 17, 52 r.m.,
57 o.r.; Kahl: U2, S. 52 u.r., 57 o.l., 57 u.l.;
Laniken/Transglobe Agency: S. 20/21; Layer:
S. 25, 53 u.l., U3; Limbrunner: S. 40, 41;
Nielsen/Transglobe Agency: S. 53 u.r.; Pforr:
S. 9, 13, 45; Fritz Pölking/Angermayer: S. 32;
Reinhard: U1, S. 48, 49 u., 52 o.l., 52 o.r.,
52 u.l., 53 o., 56, 57 l.m., U4; Roh-
dich: S. 29; Thomsen/Transglobe Agency:
S. 41 o.r.; Wothe: S. 5, 24.

Redaktionsleitung: Hans Scherz
Stellvertretende Redaktionsleitung:
Renate Weinberger
Lektorat: Gabriele Linke-Grün
Herstellung: Manfred Lüer
Produktion: Johannes Schmidt-Thomé
Umschlaggestaltung:
Heinz Kraxenberger
Satz: Hesz, Augsburg
Repro: Wartelsteiner
Druck und Bindung: Stürtz AG

ISBN 3-7742-5918-6

Auflage   11. 10.   9.
Jahr   98 97 96